Herderbücherei

Band 1504

Über das Buch

In diesem Buch geht es um die buchstäblich wichtigste Frage des Menschen: Was kommt nach dem Tod? Ist dann alles aus? Etwa ein Drittel aller Erwachsenen in Europa ist dieser Meinung. Werden wir wiedergeboren? An die sogenannte Reinkarnation glaubt heute fast jeder Fünfte. Oder dürfen wir, wie die Bibel sagt, die Auferstehung vom Tod erwarten?
Um diese drei Positionen wird inzwischen ein „Streit der Hoffnungen“ ausgetragen. Gisbert Greshake faßt die Argumente zusammen, wägt sie gegeneinander ab, bringt menschliche Erfahrungen und humanwissenschaftliche Erkenntnisse ein und verhilft dem Leser so, eine Antwort zu finden, die er vor sich selbst begründen kann.

Über den Autor

Gisbert Greshake, geboren 1933. Nach langjähriger Seelsorgstätigkeit 1972 Habilitation in Tübingen, 1974 Universitäts-Professor für Dogmatische Theologie und Dogmengeschichte an der Universität Wien, seit 1985 Universitäts-Professor für Dogmatik und Ökumenische Theologie in Freiburg im Breisgau, veröffentlichte zahlreiche Schriften, vor allem aus den Themenbereichen Eschatologie, Gnadenlehre, Spirituelle Theologie.

Gisbert Greshake

Tod – und dann?

Ende – Reinkarnation – Auferstehung
Der Streit der Hoffnungen

Herderbücherei

Originalausgabe
erstmals veröffentlicht als Herder-Taschenbuch

Herder Freiburg · Basel · Wien
Herstellung: Freiburger Graphische Betriebe 1988
ISBN 3-451-08504-6

Inhalt

Vorwort

Wie so manche andere meiner Schriften, entstand auch dieses Büchlein aus einer wiederholten Vortragstätigkeit über die Themen Tod, Auferstehung und Reinkarnation. Weil vor allem die Reinkarnations-Thematik gegenwärtig auf ein ungemein hohes Interesse stößt und ich sehr häufig gebeten wurde, das dazu Vorgetragene leicht zugänglich zu machen, habe ich mich zu dieser Publikation entschlossen. Der ursprüngliche „Sprechstil“ wurde weithin beibehalten und auf einen wissenschaftlichen Apparat verzichtet. Wer sich für genaue Textbelege und weiterführende Literatur interessiert, sei auf die Hinweise auf Seite 93 aufmerksam gemacht.

1. Teil

EINSTELLUNGEN ZUM TOD IN DER HEUTIGEN GESELLSCHAFT UND DIE CHRISTLICHE ALTERNATIVE

Der Tod ist nicht nur die sicherste, die „tod-sicherste“ Wirklichkeit des Lebens, er ist auch ständig in unserem Leben gegenwärtig. Die Dichterin Marie-Luise Kaschnitz macht dies in folgenden eindringlichen Worten deutlich:

„Wenn einer sich vornähme, das Wort Tod nicht mehr zu benützen, auch kein anderes, das mit Tod zusammenhängt, mit dem Menschentod oder mit dem Sterben der Natur: ein ganzes Buch würde er schreiben, ein Buch ohne Angst, ohne Angst vor dem Sterben, ohne Vermissen der Toten, die natürlich auch nicht vorkommen dürfen, ebensowenig wie Friedhöfe, sterbende Häuser, tödliche Waffen, Autounfälle, Mord. Er hätte es nicht leicht, dieser Schreiber, jeden Augenblick müßte er sich zur Ordnung rufen, etwas, das sich eingeschlichen hat, wieder austilgen, schon der Sonnenuntergang wäre gefährlich, schon ein Abschied, und das braune Blatt, das herabweht, erschrokken streicht er das braune Blatt ...“

So ist der Tod eine allgegenwärtige Macht und als solche stellt er sich als die radikalste Herausforderung des Lebens dar. Kein Wunder, daß die Konfrontation mit dem Tod jeden Menschen vor eine Entscheidung stellt, wie er sein Leben angesichts des Todes verstehen will und welchen Stellenwert, welchen Sinn, welche Bedeutung er dem Tod einräumt. An der Einstellung zum Tod scheiden sich die Geister. Diese „Scheidung“ hat in unserer gegenwärtigen Gesellschaft zu verschiedenen typischen Positionen geführt, die im folgenden kurz skizziert und kritisch gesichtet werden sollen. Es soll gefragt werden, ob sie dem Wesen des Todes und seiner Herausforderung wirklich gerecht werden und wie sich demgegenüber die christliche Alternative darstellt.

1.
Nichtchristliche Einstellungen zum Tod

a) Verdrängung des Todes

Die erste Weise, in der viele unserer Zeitgenossen mit dem Tode umgehen, besteht darin, ihn zu verdrängen. Man bemüht sich, die Wirklichkeit des Todes und das Bewußtsein vom Tod aus dem Leben, zumal aus dem öffentlichen Leben – so gut es geht – herauszuhalten. Dazu nur einige wenige Hinweise: Während sich früher das Sterben in einem sehr hohen Maß in der Öffentlichkeit, in Familie, Nachbarschaft und Gemeinde vollzog, wird heute der Sterbende und dann der Tote vor der Öffentlichkeit geradezu versteckt. Man stirbt nicht selten in Abstellzimmern irgendwo in Krankenhäusern. Leichenhallen sorgen dafür, daß sich die Häuser der Lebenden vor den Toten verschließen können. Die Friedhöfe befinden sich außerhalb der Stadt, während sie früher um die Kirche gelegen waren, wo jeder, der zur Eucharistiefeier kam, immer auch Kontakt mit den Toten aufnahm. Viele Erwachsene waren noch nie beim Sterben eines Menschen dabei, da die Möglichkeit dazu gar nicht mehr besteht. Vor einigen Jahren las ich, daß heute im Durchschnitt ein Vierzigjähriger soviel unmittelbare Erfahrung mit dem Sterben macht, wie noch vor zwei Generationen ein Vierzehnjähriger. So wird unbewußt oder sogar sehr bewußt die Wirklichkeit des Todes aus dem Leben herausgedrängt und verdrängt.

Das Bemühen darum, sich vom Tod nicht bedrohen und ängstigen zu lassen, hat in Amerika bereits zu einem neuen Wissenschaftszweig, der sogenannten mortuary science, geführt, die durch alle möglichen psychologischen, soziologischen und ästhetischen Einsichten und deren manipulative Verwendung die Angehörigen und Freunde eines Toten vor wirklicher Todeserfahrung bewahren will. Diese „Wissenschaft" gibt zum Beispiel an, wie der Tote zu schminken, aufzubahren und zu schmücken sei, welche musikalische Untermalung und welche Redensweisen im Zusammenhang mit der Beisetzung angemessen sind, auf daß sich keine oder möglichst wenig Wahrnehmungen der Bedrohlichkeit des Todes und seiner vernichtenden Macht einstellen. Angesichts dieser Verdrängungstendenz erschien vor einigen Jahren in Amerika eine Studie mit dem bezeichnenden Titel „Die Pornographie des Todes", worin der Autor G. Gorer zeigt, daß der Tod und bestimmte Todeskrankheiten (z. B. Krebs) neue Tabu-Worte sind, welche die alten pornographischen Tabus abgelöst haben. In der Tat: Wie unkompliziert und selbstverständlich kann man heute über sexuelle Vorgänge, Praktiken und Perversitäten sprechen, was ehemals als peinlich, ja als unanständig empfunden wurde. Doch wie schnell kommen nicht wenige Zeitgenossen ins Stottern, wenn sie von sich selbst oder anderen sagen sollen: Mein Mann hat Krebs!, oder: Ich stehe kurz vor dem Sterben, wir sehen uns heute wohl das letzte Mal! Jemand anderen mit dem *wirklichen* Sterben und Tod, mit Todeskrankheit und Todesbedrohung zu konfrontieren, gilt als unanständig.

Gegen das Phänomen der Verdrängung scheint nun aber zu sprechen, daß der Mensch von heute sich an den Tod geradezu *gewöhnt* hat: Die Medien bringen tagtäglich Nachrichten von Gefallenen, Verhungerten, Verunglückten frei Haus, darüber hinaus ist der Tod wichtiger Bestandteil der Freizeitindustrie (Kriminal- und Abenteuerromane, entsprechende Fernsehspiele und -filme usw.), so daß der Mensch eigentlich ständig mit dem Tod konfrontiert wird. Doch Gewöhnung spricht nicht gegen Verdrängung! Denn der in den Medien begegnende Tod ist „verobjektiviert" und „entexistentialisiert", das heißt, er ist zum Gegenstand des „Zuschauens" geworden und wird darum kaum mehr als wirkliche Möglichkeit *für mich* erfahren. Die inflationäre Begegnung mit diesem „mediatisierten" Tod motiviert eher noch verstärkt dazu, ihn als nicht persönlich betreffende Größe zu verdrängen.

Diese wenigen Hinweise mögen genügen, um auf die Tatsache der Verdrängung aufmerksam zu machen und nunmehr zu fragen, ob solches Nicht-wahrhaben-Wollen oder besser: solche Nichtbeachtung des Todes eine echte Möglichkeit ist, mit dem Problem des Todes fertigzuwerden?

Demgegenüber lautet mein Einwand: Wo der Tod verdrängt wird, wird auch das Leben zutiefst inhuman. Zwei Gesichtspunkte sollen die These erläutern:

1. Das bewußte „Sich-Konfrontieren" mit dem Tod gibt dem Leben erst den Charakter des Drängenden, des Ernstes, der Verantwortung. Der Philosoph Walter Kaufmann schreibt dazu ein sehr bedenkenswertes Wort: „Für die meisten von uns kommt der Tod nicht früh genug. Durch das Gefühl, der Tod sei fern und

Das Bewußtsein unserer Sterblichkeit ist ein köstliches Geschenk, nicht die Sterblichkeit allein, die wir mit den Molchen teilen, sondern unser Bewußtsein davon; das macht unser Dasein erst menschlich, macht es zum Abenteuer und bewahrt uns vor der vollkommenen Langeweile der Götter …
Ich meine nicht im Tod,
sondern in der Flucht vor dem Tod
– durch medizinisch-technologische
Lebensverlängerung –
kommen wir uns selbst abhanden.

MAX FRISCH

belanglos, werden Leben verdorben und faul ... Man führt ein besseres Leben, wenn man ein Rendezvous mit dem Tod ausgemacht hat. Nicht nur die Liebe kann tiefer, inniger und leidenschaftlicher werden, wenn man erwartet, bald zu sterben: das ganze Leben wird dadurch bereichert." Mit anderen Worten: Die Nähe des Todes, die chronologische oder existentielle Nähe, gibt dem Leben Tiefe. Das Leben wird oberflächlich, wenn es – den Tod verdrängend – sich nicht mehr die Grenze des Todes vor Augen hält. Es verliert seine Richtung, der Sinn für letzte Verantwortung geht verloren. Denn der Blick auf den Tod sagt mir, daß es unverantwortlich ist, jeweils in den Launen des Hier und Jetzt, des Angenehmen, Vorteilhaften und Beliebigen zu leben und meine Entscheidungen zu treffen. Das Tier lebt jeweils nur im Hier und Jetzt und reagiert im Hier und Jetzt auf Reize. Dagegen ist der Mensch das Wesen, das seine Entscheidungen im Blick auf sein ganzes Leben zu fällen hat und dies eben vermag, weil er – wie Martin Heidegger dies genauer gezeigt hat – seinen Tod vorwegnehmen kann und so mit seinem ganzen Leben konfrontiert ist. Anders gesagt: Eben weil der Mensch um seinen Tod weiß, weil er darum weiß, daß sein Leben einmal endgültige, nicht mehr revidierbare Gestalt annimmt, ist er mit dem Ganzen seines Lebens konfrontiert und aufgerufen, sich selbst in Freiheit die Richtung seines Lebens zu bestimmen. Wenn der Blick auf den Tod und damit auf das Ganze des Lebens entfällt, ist die Gefahr groß, daß der Mensch auf das Niveau des Tieres zurückgeworfen wird, daß er dann wie das Tier lebt: allein aus dem Hier und Heute, reagierend auf die stärksten Reize, auf Lust oder Unlust. Und so dürfte es wohl kein Zufall sein, daß in dem Maß, in dem der Tod aus dem heutigen Bewußtsein verdrängt wird, auch der Sinn für letzte Entscheidungen, also Entscheidungen über das *ganze* Leben, rapide abnimmt. Für sehr viele Menschen ist heute nicht mehr plausibel zu machen, daß man sich zum Beispiel Treue für das ganze Leben verspricht. In der Tat: Wo man den Blick auf das Ganze des Lebens abblendet und nur je und je auf Lust und Unlust reagiert, ist Treue unsinnig und unmöglich. „Wieso kann ich – so fragt man – mich festlegen für mein ganzes Leben? Vielleicht bin ich in einem Jahr ein anderer, vielleicht stellt sich dann alles ganz anders dar! Wieso kann ich jetzt eine Entscheidung über mein ganzes Leben fällen?" In solchen Fragen zeigt sich, wie nicht begriffen wird, daß der Mensch gerade jenes Wesen ist, welches über sein ganzes Leben verfügen kann und muß, weil im Blick auf den Tod das Leben als ein Ganzes erscheint, das endgültige Sinngestalt annimmt und im Blick auf solche Endgültigkeit und Ganzheit zu leben ist.

2. Der Blick auf den Tod konfrontiert mich nicht nur mit dem Ganzen und Endgültigen des Lebens, sondern auch mit dessen Einmaligkeit. Ich habe nur *ein* Leben, ich sterbe nur *einen* Tod, beides ist unwiederholbar. Hier kann ich nicht probieren, ausprobieren, spielerisch herumprobieren: hier ist schlechterdings Ernstfall. Der Tod sagt mir, daß mein Leben und die wichtigen Entscheidungen darin Ernstfall sind. Mit der Verdrängung des Todes in der heutigen Zeit hängt es auch zusammen, daß der Sinn für den Ernstfall Leben mehr und mehr verlorengeht. Es ist ja bekannt, wie viele Menschen sich heute überhaupt vor Entscheidun-

gen drücken und das Ausprobieren dem Ernstfall vorziehen, sei es das Ausprobieren in der Ehe, im Beruf, in der Freundschaft oder wo immer. Wird aber so das Leben nicht zum unverbindlichen Spiel? Simone de Beauvoir hat in ihrem Roman „Alle Menschen sind sterblich“ die Möglichkeit eines menschlichen Lebens durchgespielt, das unsterblich ist, das also den Tod nicht vor Augen hat. Fosca, der Romanheld, ist durch ein Lebenselixier zum ewigen Leben auf dieser Welt verdammt. An ihm zeigt nun die Autorin, daß alle Lebensfreude, alle Erlebnismöglichkeit, alle soziale Verbundenheit und Verantwortung schwinden, wenn der Tod das Leben nicht mehr begrenzt. Nichts hat mehr Gewicht. Leiden und Freuden sind für ihn nie definitiv, darum auch weniger ernst. Kein Opfer, das Fosca bringt, keine Hingabe, die er beweist, kein Einstehen für Ideale hat für ihn den gleichen Sinn und die gleiche Bedeutung wie für die anderen Menschen, die sterben müssen. Denn der Sterbliche – das macht die Autorin deutlich – gibt bei allen Lebensvollzügen ein Stück von sich selbst her, und wäre es auch noch so klein. Der, der nicht stirbt, gibt dagegen nichts her. Und darum bleibt in einem Leben ohne Tod alles unverbindlich, oberflächlich, ein stets widerrufbares Spiel.

An dieser romanhaften Erörterung kann deutlich werden, was es heißt: Der Tod und das bewußte Sich-Konfrontieren mit dem Tod gehören zum menschlichen Leben, auf daß es wahrhaft menschlich sei, daß es Tiefe gewinnt und in Verantwortung geführt wird. Verdrängung des Todes macht Leben unmenschlich.

b) Der „natürliche" Tod

Diese unter dem Programmwort „natürlicher Tod" gefaßte zweite Einstellung zum Tod in der heutigen Gesellschaft hängt eng mit der Verdrängung des Todes zusammen; sie bildet gewissermaßen die theoretische Legitimation der Verdrängungspraxis. Die These vom „natürlichen Tod" hat ihren geistesgeschichtlichen Ort in der positivistischen Grundstimmung der Neuzeit. Sie sagt, daß der Tod dem Menschen ganz und gar entspricht, daß er darum etwas ganz und gar Problemloses und darum auch ganz und gar natürlich sei. Er ist das unvermeidliche Ende der biologischen Lebenskurve aller Lebewesen. Leben heißt nun einmal, Platz machen für andere Formen, Gestalten und Individuen des Lebens. Ohne Sterben gibt es kein neues Leben. Gerade das evolutive Weltbild erweist den Tod als die notwendige Bedingung für den Fortschritt zu höheren Lebensstufen und zu anderen Gestalten und Individuen des Lebens.

Dies gilt auch für den Menschen, und zwar nicht nur für sein biologisches, sondern ebenso für sein soziales Wesen. Auch im Bereich der menschlichen Gesellschaft hat der Tod die Funktion, gegen Überalterung, geistige Stagnation und Unbeweglichkeit neuen Lebensgestalten Platz zu machen. Man braucht sich ja nur einmal die Frage zu stellen: Was würde aus der Menschheit, wenn der Mensch nicht stürbe? Man würde sich im entstehenden geistigen Establishment festfahren, ersticken, es gäbe keine Chance mehr für Neues. Somit zeigt sich: Der Tod ist gut, positiv, natürlich. So natürlich wie der tägliche Sonnenauf- und -untergang oder der Wechsel der Jahreszeiten. Er entspricht dem biologischen und sozialen Wesen des Menschen. Er ist darum auch nicht zu problematisieren, es ist nichts an ihm zu problematisieren. Gewiß, es gibt eine natürliche Resistenz gegen den Tod. „Jeder Wurm krümmt sich vor dem Tod", sagt man. Aber daraus dürfen keine metaphysischen oder theologischen Schlüsse gezogen werden nach der Art von Argumenten wie: Im Sich-Wehren gegen den Tod kündet sich die Sehnsucht nach einem Leben jenseits der Todesschwelle an!, oder: Im Sich-Wehren gegen den Tod zeigt sich ein tieferes Moment des menschlichen Wesens, das die Raum-Zeit-Bedingungen übersteigt! Nein, Sich-Wehren gegen den Tod ist nur eine instinkthafte Schutzfunktion, mit der Leben sich gegen seine *vorzeitige* Destruktion wehrt. Aus diesem Instinkt dürfen mithin keine weiterreichenden Konsequenzen gezogen werden. Der Mensch soll vielmehr einsehen, daß der Tod als radikales Ende ihm natürlich ist, daß er als solcher keine Probleme und erst recht keine Angst auslöst.

Die These vom natürlichen Tod ist aber auch Herausforderung und gesellschaftskritisches Programm. Denn den natürlichen Tod gibt es weithin noch gar nicht, er muß erst ermöglicht werden. Bisher kommt der natürliche Tod nur in einem geschätzten Verhältnis von 1:100000 vor. Denn immer noch sterben die meisten Menschen zu früh, das heißt, bevor ihre biologische Lebenskraft und ihre Lebensmöglichkeiten erschöpft sind. Aufgabe von Politik und Wissenschaft muß es sein, die Voraussetzungen dafür zu schaffen, daß jeder Mensch sein Leben voll auskosten und wahrhaft menschlich, das heißt ohne Leiden, Krankheiten, Altersgebrechen, ohne Gewalt und entwürdigende

Der von Gott gewollte natürliche Tod des Menschen hat gesellschaftspolitische Konsequenzen. Wenn es heißt: „Du wirst im Alter zu Grabe kommen, wie Garben eingebracht werden zur rechten Zeit“ (Hiob 5, 26), dann ist dies nicht nur ein erbaulicher Bibelspruch, laut Agende bei Bestattung von „Hochbetagten“ geeignet, sondern dann bedeutet dies zugleich ein humanes Kriterium und verlangt eine entsprechende gesellschaftliche Praxis. Langes Leben und natürlicher Tod gehören nach Gottes Willen zum vollen Menschsein des Menschen. Darum muß das Christentum die Fürsorge für einen natürlichen Tod zum gesellschaftlichen Postulat erheben und sein „Humanum aus Glauben“ hier entsprechend wieder in „säkulare Humanität“ umsetzen ... Fürsorge für einen natürlichen Tod durch Vorsorge im Leben bedeutet in der gesellschaftlichen Praxis: daß alle Menschen ohne Ansehen der Person die bestmögliche ärztliche Versorgung erhalten – daß alle gewalttätigen Eingriffe in das Leben der Menschen, wie Mord, Hinrichtung und Krieg, gesetzlich ausgeschlossen und politisch abgewendet werden – daß der Verkehrstod auf ein Mindestmaß beschränkt und für Unfälle ein rasch funktionierendes Rettungssystem organisiert wird – daß Lebensmüde durch eine rechtzeitige Betreuung vor dem Selbstmord bewahrt bleiben – daß die Alten nicht aus der Gesellschaft verbannt und in Altersheimen isoliert werden, ähnlich der einstmals geübten Tötung durch Aussetzung – daß die Menschen schließlich Sterbehilfe erhalten, damit sie würdig sterben können, nicht in einsamer Qual sich selbst überlassen, sondern umgeben und geleitet von Menschen, so gut und so lange Menschen Mitmenschen auf dem Weg in die totale Verhältnislosigkeit ein Geleit geben können ... Die Aufhebung der totalen Verhältnislosigkeit ist allein Gottes Sache. Sache des Menschen aber ist es, durch eine Veränderung der gesellschaftlichen Verhältnisse dafür zu sorgen, daß die Menschen „im Alter zu Grabe kommen, wie Garben eingebracht werden zur rechten Zeit“.

HEINZ ZAHRNT

Fronarbeit führen kann. Wenn das geschieht, dann kann der Mensch nach einem erfüllten, voll ausgekosteten Leben seinen Tod als „natürliches Ende“ hinnehmen, dann ist dieser zum „Wahrzeichen der Freiheit“ geworden (Herbert Marcuse). Dieser Gedanke verbindet sich nicht selten mit der Forderung des Rechts auf Freitod. „Nach einem erfüllten Leben können die Menschen es auf sich nehmen zu sterben – zu einem Zeitpunkt ihrer eigenen Wahl“ (H. Marcuse). Mit dem „natürlichen Tod“ kann der Mensch angstfrei und problemlos umgehen.

Soweit die These vom natürlichen Tod. Kurz zusammengefaßt lautet sie: Der Tod ist das Ende des natürlichen Lebens, und weil er das Ende ist, geht er uns im Grunde auch gar nichts an. Wir sind auf das Leben verwiesen und sollen sehen, daß wir es voll und freudig auskosten und unsere Möglichkeiten ausschöpfen. Dann ist der Tod am Ende etwas Problemloses. Was ist zu dieser verbreiteten Einstellung zu sagen?

Wenn man genauer zusieht, so steht in dieser These nicht eigentlich der Tod im Mittelpunkt, sondern das Leben, das sich so gut wie irgend möglich vom Tod und seinen Schrecken und Vorboten freizuhalten hat. Anders gesagt: Hier steht der Tod gewissermaßen außerhalb des Lebens, er soll das Leben nicht kümmern. Dann wird er auch nicht zum Problem. Trifft dies aber zu?

Obwohl die These vom natürlichen Tod ihren geistesgeschichtlichen Ort in der Neuzeit hat, ist sie im Grunde nicht so neu. Es war der antike Philosoph Epikur (341–270 v. Chr.), der sie, in dieser Hinsicht maßgeblich für das Abendland, erstmals formuliert und begründet hat. Seitdem ist sie in unzähligen Variationen in der abendländischen Geistesgeschichte wirksam gewesen. Schon für Epikur ist es so, daß die Todesfurcht das größte Hindernis für ein unangefochtenes, glückliches menschliches Leben ist. Darum gilt es vor allem anderen, die Todesfurcht zu beseitigen. Dies sucht Epikur dadurch zu erreichen, daß er argumentativ einsichtig macht, daß der Tod uns eigentlich nichts angeht. „Gewöhne dich an den Gedanken, daß der Tod uns nichts angeht. Denn alles Gute und Schlimme beruht auf der Wahrnehmung. Der Tod aber ist der Verlust der Wahrnehmung ... Somit geht das schauerlichste Übel, der Tod, uns nichts an. Denn solange wir leben, ist der Tod nicht da, und wenn der Tod da ist, leben wir nicht mehr. Er geht also weder die Lebenden an noch die Toten; denn die einen geht er nicht an, und die anderen existieren nicht mehr."

Diese Beweisführung Epikurs steht im Grunde auch hinter der These vom natürlichen Tod. „Lebe, koste dein Leben aus, dann braucht der Tod dich nicht zu interessieren. Hast du dein Leben ausgekostet und geht die biologische Lebenskurve ein für allemal zu Ende, dann braucht dich der Tod auch nicht zu interessieren, zu erschrecken, zu erregen, denn dann bist *du* ja nicht mehr da, wenn der Tod kommt!"

Mit dem Hinweis auf Epikur ist natürlich noch nicht sachlich auf die These vom „natürlichen Tod" eingegangen. Bevor wir dies in Angriff nehmen, sei zunächst darauf hingewiesen, daß diese Einstellung einige wichtige Aspekte des Todesphänomens zutreffend in den Blick nimmt: Der Tod ist tatsächlich (auch!) das natürliche Ende der biologischen Lebenskurve komplexer Organismen. Ihm kommt tatsächlich eine Erhaltungsfunktion für das Fortbestehen von Lebenspopulationen zu. Er bedeutet tatsächlich auch „das Freigeben der Zukunft der anderen“ (Karl Rahner), das heißt das Platzmachen für kommende Generationen, auf daß diese eine Chance haben, Neues zu leben und zu erwirken. Richtig gesehen ist ebenso, daß der Tod als das Ende der dem Menschen gesetzten Frist uns eindringlich auf unser einmaliges befristetes Leben verweist. Wichtig ist auch die Forderung, daß es Aufgabe der Gesellschaft ist, dafür Sorge zu tragen, daß die Sinnlosigkeit eines zu frühen Todes verhindert wird. Jeder soll – wie Rainer-Maria Rilke sagt – seinen „eigenen Tod“ sterben. Ja, er soll ihn so sterben, daß er nach Möglichkeit letzte Aufgipfelung, Zusammenfassung und Vollendung des Lebens ist.

All dies ist sicher zutreffend gesehen. Aber es bleibt zu fragen: Ist damit der Tod in allen Aspekten wahrgenommen? Sieht die These vom „natürlichen Tod“ nicht doch viel zu wenig? Einige solcher übersehener Seiten seien genannt:

1. Läßt sich das – zugegeben! – oft unbestimmte Sehnen des Menschen nach letzter, äußerster Glückserfüllung, also jenes Sehnen, das in jedem Menschen steckt, einfach als Einbildung oder falsches Bewußtsein abtun? Oder zeigt sich in diesem unstillbaren Durst nach Glück, Geborgenheit und Leben in Fülle nicht doch das Faktum, daß sich menschliches Leben mit seinem Hoffnungs- und Sehnsuchtspotential innerhalb der biologischen Lebensfrist nicht vollenden läßt? Konkret: Auch der, der einen „natürlichen Tod“ stirbt, sagen wir mit 80, 90, 100 oder gar mit 150, 200 Jahren, nach einem geglückten Leben, „lebenssatt und reif“ – stirbt nicht auch der immer noch „zu früh“? Zu früh

deshalb, weil er spürt, daß seine Lebensmöglichkeiten, das ungeheure Potential an Hoffnung und Sehnsucht, immer noch nicht ausgeschöpft ist. Das, was der Mensch in diesem Leben finden kann, zeigt sich irgendwo immer als „zu wenig“, und deshalb kommt der Tod immer „zu früh“. Gewiß gibt es Menschen, die ohne Hoffnung über den Tod hinaus ihr Leben und Sterben menschenwürdig bestehen; an ihnen kann deutlich werden, daß der Tod zu seiner Bewältigung nicht unbedingt einer religiösen Sinngebung bedarf. Aber ist ein Annehmen des Todes nicht doch wenigstens auf eine ursprüngliche Sinnannahme des Daseins angewiesen, deren Grund jedenfalls nicht einfach nur positivistische Einsicht in die Endlichkeit des Lebens und in die Unvermeidbarkeit seines endgültigen Abbruchs ist? In diesem Zusammenhang aber läßt sich wenigstens die Frage nicht unterdrücken, ob der Tod nicht doch etwas wie ein „Übergang“ zu einem Leben ist, in dem sich menschliches Sehnen nach äußerster Glückserfüllung wirklich erfüllen läßt. Kurz: Das Problem, über das die These vom „natürlichen Tod“ zu schnell hinweggeht, ist dies: Läßt sich tatsächlich menschliches Leben innerhalb einer bestimmten Zeit von Lebensjahren zur Vollendung und Erfüllung bringen? Wenn aber nicht, dann zeigt sich der Tod immer als *unnatürlich*, als „Schnitter“, der abbricht und zu Ende bringt, was seine Erfüllung noch gar nicht gefunden hat.

2. Was man heute den „natürlichen Tod“ nennt, ist „in Wahrheit doch der künstliche Tod. Er ist gleichsam die Frucht der kunstvollsten Selbstmanipulation des Menschen und seiner Lebensumstände“ (Johannes

Schwartländer). Es ist gerade die Medizin, die es leisten soll, dem Menschen einen „natürlichen Tod“ zu bereiten, nämlich das Leben so zu verlängern, daß der Mensch es ganz auskosten kann, die biologische Lebensfrist wie eine Zitrone so auszupressen, daß kein Tropfen mehr ungenutzt bleiben muß. Nun dürfte es aber wohl kaum ein Zufall sein, daß die Aufbietung allen medizinischen Könnens nicht selten zu einem tristen Siechtum in Pflegeheimen, zu einem sinnlos verlängerten Sterbeprozeß und zu einer trostlosen Vereinsamung des Sterbenden auf Intensivstationen führt. Gerade die äußerst mögliche Verlängerung des Lebens bringt keine wahrhafte Lebenserfüllung, sondern eher Lebensperversion. Ganz abgesehen davon, daß trotz all des Pathos, den Tod bewältigen zu können, dieser immer das schlechthinnige Ende aller menschlichen Kunst bleibt. Dieser Widerspruch: auf der einen Seite das Mühen, den Tod in die Hand zu bekommen, indem man ihm möglichst viel Leben abtrotzt, und auf der anderen Seite die Einsicht, sich ihm doch ergeben zu müssen – dieser Widerspruch kann verdrängt, aber im Rahmen der These vom „natürlichen Tod“ nicht gelöst werden.

3. Wer den Tod als „natürlich“ deutet, betrachtet ihn nur als Schlußpunkt des Lebens und somit außerhalb des eigentlichen Lebensvollzugs.

Aber ist diese Betrachtungsweise richtig? Ist nicht das Leben ständig vom Widerfahrnis des Todes umfangen und durchwirkt? Was der Tod ist, läßt sich adäquat gar nicht am Ende des Lebens am *Toten* = Ergebnis des Todes, erfahren, sondern nur im Leben selbst, das durch den Tod ständig zerstört wird. Tod ist –

wenn man genauer zuschaut – nicht Schlußpunkt, sondern – wie Max Scheler sagt – „ein notwendiger und evidenter Bestandteil in jeder möglichen inneren Erfahrung des Lebensprozesses". In vielfacher Gestalt greift der Tod in das Leben ein. Krankheit, Leid, Erfolgslosigkeit, Alter, Pensionierung, Lassen-Müssen, Abschiednehmen, all das sind nicht nur Zeichen und Vorboten des Todes, sondern Wirklichkeiten des Todes im Leben. Leben stirbt nicht auf einmal ab, am Ende, der Mensch muß es vielmehr nach und nach, Stück für Stück hergeben. Darum macht der Mensch im Leben ständig Todeserfahrung.

In besonders herausragender Weise wird das in jener Erfahrung deutlich, in der auf vielleicht ursprünglichste Weise Tod widerfährt. Es ist ja gar nicht so, daß die ursprüngliche Todeserfahrung der eigene Tod ist, sondern es ist der Tod des andern, der Tod als „Trennung von dem, den wir lieben" (Gabriel Marcel). Diese Einsicht ist sehr alt. Schon für Augustinus bricht beim Tod des geliebten Freundes die ganze Welt zusammen. Alles ist für ihn vom Tod infiziert. „Was ich ansah, war alles nur Tod ... Ja, ich wunderte mich, daß die übrigen Sterblichen noch lebten, da doch er, den ich geliebt hatte, als könne er nicht sterben, gestorben war; und mehr noch wunderte ich mich, daß ich selbst, da ich doch ein zweiter ER gewesen, noch lebte, nun, da er tot war. Trefflich hat jemand von seinem Freund gesagt: die Hälfte meiner Seele" (Confessiones IV). Wo ein geliebter Mensch stirbt, bricht jenes Leben ab, das gemeinsam war. Das Wir wird zerstört. Und damit erleidet das Ich selbst einen Verlust an Sein. Mehr noch: Insofern das Ich sich gerade am Gegenüber des Geliebten als Ich-Selbst erfährt, ja konstituiert, bricht im

Sterben des andern auch das Ich-Selbst zusammen. Das heißt aber: Mitten im Leben wird Tod erfahren. Wo ich einen Menschen wirklich liebe, wo er ein Teil meines Lebens ist, da sterbe ich selbst ein Stück mit. Weil darum der Tod auf vielfältige Weise im Leben *gegenwärtig* ist, kann die Angst vor ihm nicht als Illusion entlarvt werden, als etwas, das sich auf ein pures Nichts, auf ein künftiges Nicht-mehr-Sein richtet. Die Todesangst hat ihre Ursache im abgrundtiefen Schwindel, der den Menschen dort überfällt, wo er sich jetzt schon lassen und hergeben muß, wo er jetzt schon Zerstörung seiner selbst erfährt. Dies sind Widerfahrnisse, die das vorwegnehmen, was im letzten Sterben radikal abverlangt wird. Darum ist die Todesangst, also das Erschrecken vor der Trennung von dem, was uns vertraut und mit dem wir identisch geworden sind, eine nichteliminierbare Grundform menschlicher Existenz. Die These vom natürlichen Tod macht es sich zu leicht, den Tod herauszuschieben ans Ende. Tod ist etwas „mitten im Leben".

Soweit die kritischen Anfragen an die These vom sogenannten „natürlichen Tod".

c) Hegelianisch-marxistisches Todesverständnis

In den unruhigen endsechziger und siebziger Jahren war die hier als hegelianisch-marxistisches Todesverständnis charakterisierte Deutung des Todes aktueller als gegenwärtig, und doch ist auch heute noch diese Einstellung in unreflektierter Form mehr verbreitet, als es auf den ersten Blick erscheint.

Für Hegel bedeutet der Tod „das Aufheben des Einzelnen, und damit das Hervorgehen der Gattung, des Geistes", oder anders: Der Tod ist „die Notwendigkeit des Übergangs der Individualität in die Allgemeinheit". Während aber bei Hegel „Aufhebung" der Individualität in das Allgemeine nicht einfach Zerstörung des einzelnen bedeutet, sondern dessen „Aufbewahren" in die umfassende Geistwirklichkeit miteinschließt, liegt die Sache in der nachhegelianischen Entwicklung anders. Was bei Hegel Geist bzw. Allgemeinheit heißt, wird durch Feuerbach, der dann wiederum durch Marx weitergeführt wird, als das „Ganze der Geschichte" bzw. als „Menschheit" interpretiert. Damit erhält auch der Tod als „Aufhebung des einzelnen" einen anderen Sinn.

Nach Feuerbach und Marx vernichtet der Tod das Individuum ganz und gar, nur die Menschheit, deren Glied der einzelne ist, ist unsterblich. Wenn also der einzelne als einzelner im Tod zerstört wird, so ist er doch – seiner individuellen Bestimmtheit entrissen – der Gattung „Menschheit", die den Tod überdauert, eingefügt: er lebt in der Erinnerung, in seinen Kindern und Werken weiter. Wer begriffen hat und anerkennt, daß er nur sterbliches Glied eines unsterblichen Ganzen, eben der Menschheitsgeschichte ist, bedarf keines Jenseitsglaubens, der ohnehin nur eine leere Wunschprojektion ist. Nein, der individuelle Tod kann akzeptiert werden, wenn das Leben der Menschheit als eigentliche, bleibende „Substanz" der individuellen Existenz verstanden wird. Nach Marx und dem Marxismus verkennt dies der individuelle Unsterblichkeitsglaube. Aus purem Egoismus will der Mensch die Beschränktheit seiner Existenz nicht annehmen. Er will Individuum sein, er will für sich sein und bleiben. So

Alle nehmen frühere Blumen ins Grab, darunter vertrocknete oder unkenntlich gewordene. Nur eine Art Menschen kommt auf dem Weg zum Tod fast ohne überkommenen Trost aus: der rote Held. Indem er bis zu seiner Ermordung die Sache bekennt, für die er gelebt hat, geht er klar, kalt, bewußt in das Nichts, an das er als Freigeist zu glauben gelehrt worden ist. Sein Opfertod ist deshalb auch von dem der früheren Blutzeugen verschieden; denn diese starben, fast ausnahmslos, mit einem Gebet auf den Lippen und glaubten, sich den Himmel erworben zu haben ... Der kommunistische Held dagegen, unter dem Zaren, unter Hitler und noch darüber hinaus, opfert sich ohne Hoffnung auf Auferstehung. Sein Karfreitag ist durch keinen Ostersonntag gemildert, gar aufgehoben, an dem er persönlich wieder zum Leben erweckt wird. Der Himmel, dem die Märtyrer, in Flamme und Rauch, ihre Arme entgegenstreckten, ist keinem roten Materialisten da ...; dennoch aber stirbt dieser Materialist, als wäre die ganze Ewigkeit sein. Das macht: er hatte vorher schon aufgehört, sein Ich so wichtig zu nehmen, er hatte Klassenbewußtsein. So sehr ist das Personenbewußtsein im Klassenbewußtsein aufgenommen, daß es der Person nicht einmal entscheidend bleibt, ob sie auf dem Weg zum Sieg, am Tag des Siegs erinnert ist oder nicht. Keine Idee im Sinn abstrakten Glaubens, sondern konkrete Gemeinsamkeit des Klassenbewußtseins, die kommunistische Sache selber *hält hier also aufrecht, ohne Delirium, aber mit Stärke. Und diese Gewißheit des Klassenbewußtseins, individuelle Fortdauer in sich aufhebend, ist in der Tat ein Novum gegen den Tod.*

ERNST BLOCH

aber ist der individuelle Tod eine Katastrophe. Wer sein ganzes Leben unter der Devise des „Ich, Ich, Ich" geführt hat, scheitert angesichts des Todes mit diesem Lebensentwurf total. Demgegenüber muß ein neues Bewußtsein und müssen andere gesellschaftliche Verhältnisse erzeugt werden, in welchen der Mensch sich verstehen kann als Teil eines größeren Ganzen: der Gesellschaft, der Menschheit.

Für diese Änderung des Bewußtseins kann der Faktor Tod eine wichtige Rolle spielen. Denn gerade der Tod enthüllt in unüberbietbarer Deutlichkeit, daß das Individuum mit seinem Glücks- und Vollendungsstreben nicht der höchste Wert ist. Am Tod wird es geradezu greifbar, daß das todgeweihte Einzelwesen keine Vollendung findet, es transzendiere (= überschreite sich) denn genau auf das hin, was den Tod überwindet, nämlich auf die menschliche Gesellschaft, auf die anderen hin. So lädt der Tod mich gleichsam dazu ein, meinen Lebensentwurf und alle Entscheidungen darin so zu treffen, daß ich über mich hinausschreite auf die Gemeinschaft hin. Wo das Individuum sich selbst als letzten Wert setzt, wird der Tod zum Problem. Wo aber der einzelne sich dem Ganzen hingibt und für das Ganze lebt, wird auch der Tod entproblematisiert. Denn das Ganze, die Menschheit, lebt ja weiter, und ich in ihrer Erinnerung.

Noch in anderer Hinsicht ist der Tod „der stärkste Impuls zur Betrachtung über das Leben" (Adam Schaff). Als „Gleichmacher" Tod fordert er uns heraus, durch solidarisches Verhalten jetzt schon Gleichheit und Brüderlichkeit zu verwirklichen; als demaskierende Macht hält er uns vor Augen, jetzt schon die Lebens-„Rollen" und -„Maskierungen" aufzugeben;

als radikale, alles in Frage stellende Grenze provoziert er uns, die Endlichkeit des Lebens durch „tod-ernstes“ Engagement auszuschöpfen und in Freiheit Sinn zu verwirklichen. Dann wird auch die Angst vor dem Tod, die in Wirklichkeit das Gefühl der Sinnlosigkeit des Lebens ist, schwinden.

Auch an dieses Todesverständnis sind einige kritische Fragen zu stellen:

1. Kann die menschliche Gesellschaft wirklich Zielpunkte der Transzendenzbewegung des Individuums sein? Denn sie selbst ist doch auch dem Tod geweiht. Auch sie hat im Kosmos keine bleibend-gültige Dauer. Welchen Sinn hat es aber, aus der eigenen Endlichkeit auf etwas hin zu transzendieren, das genauso kontingent und endlich ist wie das Individuum selbst? Wird hier nicht die Sinnfrage, die der Tod auslöst, vom Individuum weg auf die Gesellschaft verschoben, nicht aber gelöst?

2. Geistesgeschichtlich gesehen wurde tatsächlich mit der Entdeckung der Individualität und Einzigartigkeit des Menschen der Tod verschärft zum Problem. Kann und darf nun aber diese Entdeckung der besonderen Würde des Individuums, die ein wesentlicher Gehalt der abendländischen Geistesgeschichte ist, dementiert werden, indem man angesichts des Todes den einzelnen in die Gesellschaft auflöst? Ja, muß nicht der Auflösung des Individuums ins Allgemeine auch um des Allgemeinen willen widerstanden werden, da doch der einzelne gerade als einzelner für die anderen da sein will? Und zeigt sich schließlich nicht besonders auch am Tod, der allein gestorben werden muß, daß

der einzelne in kollektive Strukturen und Muster nicht aufgeht?

3. Die marxistische Todesphilosophie vermag dem Sterben, das heißt, dem Leben kurz vor dem Tod, kaum einen Sinn zu geben. Denn mag der Sinn des menschlichen Lebens im schöpferischen Dasein für die andern, für die Gesellschaft bestehen: was ist dann aber mit dem sterbenden, leidenden, behinderten Leben? Mit jenem Leben, in dem der Tod jetzt schon in besonderer Weise so am Werk ist, daß es gar nicht für die andern da sein kann? Was ist mit dem, der auf der Intensivstation im Sterben liegt? Sein Leben scheint keinen Sinn mehr zu haben, da er sich ja nicht mehr auf die anderen hin zu überschreiten vermag.

4. Gerade der Marxismus war unter der Devise: Freiheit und Emanzipation gegen Unfreiheit und Entfremdung angetreten. Vermag sich aber dieses Ziel, „Freiheit" widerspruchsfrei zu behaupten, wenn man auf die harte Notwendigkeit des Todes keine befreiende Antwort weiß? Der Philosoph Georg Scherer bemerkt einmal: „Wer Freiheit verwirklichen will, muß sagen können, wie sich jene totale Negation der Freiheit, welche uns in der Leiche eines Menschen vor Augen geführt wird ..., mit der Idee von der Freiheit vereinbaren läßt." Siegt nicht im Tod die Notwendigkeit über die Freiheit? Vor allem aber: Wo bleibt die Solidarität – gleichfalls ein Grundbegriff des Marxismus – mit den vergangenen Generationen, mit den Leiden der Vergangenheit, mit den Toten, die vor uns gelebt haben? Das Glaubensbekenntnis „Unsere Hoffnung" der Würzburger Gemeinsamen Synode bemerkt

dazu sehr richtig: „Die Frage nach dem Leben der Toten zu vergessen und zu verdrängen, ist zutiefst inhuman ... Schließlich macht kein Glück der Enkel das Leid der Väter wieder gut, und kein sozialer Fortschritt versöhnt die Ungerechtigkeit, die den Toten widerfahren ist. Wenn wir uns zu lange der Sinnlosigkeit des Todes und der Gleichgültigkeit gegenüber den Toten unterwerfen, werden wir am Ende auch für die Lebenden nur noch banale Versprechen parat haben." Genau diese Frage nach der Sinngebung des Todes für die Sterbenden und die Toten der Vergangenheit vermag aber der Marxismus nicht zu lösen. Diese Fragen bleiben offen.

d) Der Tod als Durchgang – die Überzeugung von der Unsterblichkeit der Seele

Eine vierte verbreitete Einstellung zum Tod, die als solche noch keineswegs christlich ist, auch wenn gelegentlich dieser Eindruck erweckt wird, ist die in der griechischen Philosophie erstmals greifbare und dann von vielen humanistischen Kreisen in Vergangenheit und Gegenwart vertretene Überzeugung, daß der Tod nicht absoluter Endpunkt, sondern nur Durchgangsstadium ist, nicht Erlöschen des Lebens, sondern Tor zu einem qualitativ neuen Leben. Es ist jene Einstellung, die von der Unvergänglichkeit des Menschen überzeugt ist und den Tod nur als Trennung von vergänglichem Leib und unsterblicher Seele betrachtet.

Auf der Linie dieses Todesverständnisses, das noch einmal die verschiedensten Ausformungen annehmen kann, steht auch die Reinkarnationslehre, der wir uns wegen ihrer gegenwärtigen Bedeutung im II. Teil eigens ausführlich zuwenden werden.

Die Überzeugung von einer unsterblichen menschlichen Seele, die vom Tod nicht erreicht werden kann, hat auch Eingang in den christlichen Glauben gefunden. Von vielen Theologen wird eine philosophische Unsterblichkeitslehre als rationale Hinführung, gedankliche Voraussetzung oder begriffliche Ausformung des christlichen Glaubens an die Auferstehung der Toten angesehen. Dabei konnte die an sich nicht in der biblischen Offenbarung gründende Überzeugung von einer unsterblichen Seele insofern im christlichen Glauben übernommen werden, als es zum biblischen Menschenbild gehört, daß der Mensch unausweichlich vor Gott steht. Er *ist* genau jenes Wesen, das *im* Dialog und *zum* Dialog mit Gott geschaffen wurde. In-Beziehung-zu-Gott-Stehen ist also nicht „Zutat“ zu einem gleichsam zunächst „in sich“, ohne Beziehung auf Gott existierenden Wesen Mensch, sondern das Auf-Gott-hin-Sein macht das menschliche Sein aus. So gesehen, kann aber der Tod nicht die Macht haben, den Dialog, den Gott ein für allemal mit den Menschen eingegangen ist, durch dessen Zerstörung zunichte zu machen. Wenn also der Mensch unwiderruflich Gott gegenübergestellt, auf ihn verwiesen und von ihm in Anspruch genommen ist, ist sein tiefstes Sein und Wesen selbst unwiderruflich, unvergänglich. Dafür konnte der Gedanke einer unsterblichen Seele übernommen werden.

Im christlichen Glaubensverständnis wird somit die Unsterblichkeit der Seele klar und eindeutig als Folge des dialogischen Verhältnisses von Gott und Mensch betrachtet. Das heißt, unsterblich ist der Mensch nicht,

Hinter der Rede von der „unsterblichen Seele" steckt oft eine perfide Gottlosigkeit, ein Atheismus, sofern wir uns ja zum Nichts des Todes nicht eingestehen wollen, daß uns alles *geschenkt ist; daß unser Tun und Vollbringen aus einem Empfangen lebt und nur durch das Ja zum Empfangen-Haben einen „ewigen Sinn" gewinnt.*

FERDINAND ULRICH

weil er aus sich heraus über Unsterblichkeit verfügt, so daß er selbst dem Tode trotzen könnte, vielmehr kommt ihm Unvergänglichkeit zu auf Grund seines Vor-Gott-gestellt-Seins. Deshalb geht auch der Einwurf einiger protestantischer Theologen ins Leere, die meinen, die Überzeugung von der unsterblichen Seele nehme den katastrophalen Charakter des Todes nicht ernst, weil der Mensch sich kraft seiner Unsterblichkeit gleichsam durch die Krise des Todes selbst hindurch-„mogeln“ könne. Nein, wenn die Unvergänglichkeit des Menschen in seiner (sein Wesen ausmachenden!) Beziehung zu Gott begründet ist, läßt sich über sie nicht wie über einen Besitz verfügen, sondern sie ist Gegenstand des Vertrauens und der Hoffnung, daß Gott auch und gerade in der Krise des Todes den Dialog mit seinem Geschöpf nicht abbricht. Deswegen stellt der Tod, Zerstörung aller anderen Beziehungen, ja scheinbare Zerstörung des ganzen Lebens, am härtesten die Frage, ob der Mensch auch in dieser äußersten Krise im Dialog des Vertrauens und der Hoffnung zu Gott verbleiben will. Es ist ähnlich wie in einer menschlichen Liebesbeziehung: Auch da, wo ich hoffe und vertraue und sogar weiß, daß ich mein Leben von der Liebe und Treue des Partners her verstehen darf, ist doch das Entgegennehmen der Liebe des andern ein je neues Geschenk und die Hingabe an ihn ein je neues Wagnis. Darum verharmlost die Überzeugung von der Unvergänglichkeit des Menschen den katastrophalen Charakter des Todes in gar keiner Weise.

Mit diesem Ausblick haben wir schon ein Stück weit auf das christliche Todesverständnis vorgegriffen, innerhalb dessen die Überzeugung von einer unsterblichen Seele in einen ganz neuen Kontext gestellt wurde.

Kehren wir zunächst noch einmal zur Feststellung zurück, daß die Überzeugung von einer Unsterblichkeit des Menschen bzw. seiner Seele auch und sogar ursprünglich außerhalb des biblisch-christlichen Kontextes vertreten wurde und wird. Sigmund Freud glaubt sogar, auf empirischem Wege das Faktum gefunden zu haben, „im Unbewußten sei jeder von uns von seiner Unsterblichkeit überzeugt". Welche Gründe lassen sich für diesen unbewußten und bewußten Glauben namhaft machen? Wie kommt die Hoffnung auf ein Jenseits der Todesschwelle zustande?

Es gibt im menschlichen Leben eine Reihe von Phänomenen, die zeigen, daß hierin eine Macht wirksam ist, die auf Überwindung des Todes hinweist, Erfahrungen, an denen aufgehen kann, daß der Tod nicht das letzte Wort hat.

Zum Beispiel erfährt sich der Mensch als verantwortlich für sein Tun und Lassen. In Verantwortung gestellt sein aber heißt wissen oder wenigstens ahnen, daß das Leben nicht zufällig ist, beliebig, episodenhaft, sondern daß im Leben etwas Endgültiges gesetzt wird, angesichts dessen jedes Tun und Lassen abgewogen werden muß. Dieses Endgültige wäre aber nicht wirklich endgültig, würde es vom Tod vernichtet. So läßt die Erfahrung unbedingter Verantwortung ahnen, daß auch der Tod nicht das Letzte ist.

Ein weiterer Hinweis: Der Mensch erfährt sich als ein Wesen, das unbedingt und notwendig nach Sinn fragt, ja immer schon in seinem Leben Sinn verwirklicht, etwas Sinnvolles tut. Wir würden aber nicht ständig nach Sinn fragen und ihn zu verwirklichen trachten, wären wir nicht von „Sinn" ergriffen. Ebenso steckt im Menschen ein mächtiger Drang nach Freiheit, Glück, Leben, Zukunft. Zeigt all dies nicht, daß der Mensch irgendwie von der Unendlichkeit berührt ist, daß in ihm etwas ist, das die Endlichkeit sprengt?

Gewiß, all diese Phänomene lassen sich auch anders deuten, zum Beispiel als unausrottbare Epiphänomene unglücklich machender materieller Komplexe (Gehirnstrukturen oder dergleichen) bzw./und als Folgen bestimmter gesellschaftlicher Determinationen. Doch wenn dies zuträfe, wäre der Mensch eine Verunglükkung und seine Existenz unaufhebbar widersprüchlich und sinnlos, so daß das Leben im Grunde nicht wert wäre, überhaupt gelebt zu werden. Liegt es darum nicht näher, den eigenen Erfahrungen zu vertrauen? Wer Grenzen erfährt und sie schmerzvoll *als Grenzen* erfährt, ist im Grunde schon über die Grenze hinaus. Darf das nicht auch für den Tod gelten? Wer den Tod als Grenze schmerzlich spürt, ist bereits angerührt von etwas, was jenseits der Grenze des Todes steht.

Andere Hinweise für eine Überwindung der Todesgrenze ergeben sich, wenn man über die Eigenständigkeit geistiger Lebensvollzüge und ihrer (relativen) Unabhängigkeit von materiellen Bedingungen reflektiert (so z. B. über das menschliche Selbstbewußtsein, über Abstraktions- und Universalisierungsfähigkeit, über die spezifischen Formen personalen Erlebens und nicht zuletzt über die Fähigkeit des Menschen, sich in Freiheit zum je Vorgegebenen zu verhalten). Von hier aus läßt sich auf eine Eigenwirklichkeit der Seele schließen, die als eigenständige Wirklichkeit nicht eo ipso vom Tod des materiell-organischen Lebens betroffen ist.

So entsteht im Lebensvollzug, aus menschlichen Erfahrungen und menschlicher Reflexion heraus, die

Frage, ob der Tod das letzte Wort hat: Im Menschen sind Wirklichkeiten, die zeigen, daß er nicht bloß eine Eintagsfliege ist, die von vornherein angelegt ist auf ihr eigenes Vergehen. Im Menschen ist mehr: ein Drang nach Unendlichkeit, ein Ergriffensein von ihr.

Aus solchen und ähnlichen Erfahrungen heraus ist in fast allen Menschheitsreligionen und in vielen Philosophien die Hoffnung gewachsen, daß es im Menschen etwas Unsterbliches gibt, eben die Seele.

Dennoch ist auch diese Position kritisch zu befragen:

1. Haben all die vorgelegten Argumente mehr als nur eine gewisse Wahrscheinlichkeit für sich? Im Grunde wird doch nur „bewiesen", daß im Menschen eine Ahnung von und eine Sehnsucht nach Unsterblichkeit und Vollendung ist. Doch Sicherheit ist auf diesem Wege gewiß nicht zu gewinnen! Alle scheinbare Sicherheit wäre angesichts des vernichtenden Todes angemaßt, da nur von Gott her das Verlangen nach Unvergänglichkeit erfüllt und „Leben in Fülle" nur als sein Geschenk empfangen werden kann.

2. Wo man auf die unsterbliche Seele setzt, begnügt man sich damit, daß *etwas* im Menschen Hoffnung über den Tod hinaus hat, das, was Seele, innerstes Personzentrum, genannt wird. Aber *ich* bin doch mehr als nur Seele! Was ist mit meinem konkreten In-der-Welt-Sein, mit meinem Leib, meinen Beziehungen, meiner Arbeit, mit dem, was ich geschaffen habe, kurz: mit all dem, was nicht nur Seele ist an mir? Ist all dies vergebens gewesen? Ohne Hoffnung dem Untergang des Todes geweiht? So behält auch diese Einstellung zum

Tod den Charakter des Frag-würdigen, Zwiespältigen und Unbestimmten.

Nachdem wir die verschiedenen Einstellungen zum Tod, die in der heutigen Gesellschaft greifbar sind, an uns haben vorbeiziehen lassen, und nachdem wir die verschiedenen Antworten auf die Probleme, die der Tod auslöst, kritisch geprüft haben, ist zu fragen, wie sich der christliche Glaube zum Tod und zur Hoffnung über den Tod hinaus verhält.

2. Grundzüge christlichen Todesverständnisses

Wenn wir in die Heilige Schrift blicken, tritt uns das überraschende Faktum entgegen, daß im Alten Testament erst relativ spät die Hoffnung auf eine Überwindung der Todesmacht wach wurde. Dies ist deshalb so erstaunlich, weil im Kontrast dazu in der Umwelt Israels lebhafte Jenseitsvorstellungen herrschten. Daß Israel in früher Zeit auf solche Vorstellungen verzichtet, scheint *einen* Grund in seinem spezifischen Gottesverständnis zu haben: Jahwe wird erfahren als der schlechthin lebendige und Leben spendende Gott. Dies ist sein Ehrenname gegenüber den „toten" Göttern der Heiden. Solange dieser Glaube nicht tief genug in Israel verwurzelt war, konnte Jahwe nicht einfach – wie in der kanaanäischen Religiösität – die Funktion von Totengöttern, die für das Weiterleben der Toten verantwortlich waren, übernehmen. Auch waren in der Umwelt Israels die Auffassungen von einem jenseitigen Leben mit Totenkult und Totenversorgung verbunden und gerieten deshalb mit dem Ausschließlichkeitsanspruch Jahwes in Konflikt. Das „Schweigen" Alt-Israels über ein Jenseits der Todesschwelle zeigt mithin an, daß Hoffnung über den Tod hinaus nicht menschlichem Wunschdenken und Projektionen entsprang: Nicht weil der Mensch unsterblich sein wollte, projizierte er sich einen Gott zwecks Verwirklichung seines

Verlangens, sondern umgekehrt: Weil der gläubige Israelit nicht sah, wie sich seine Unsterblichkeitssehnsucht mit dem Glauben an Jahwe verbinden ließ, „verzichtete" er lange Zeit auf eine Unsterblichkeitslehre, genauer: hielt er das schweigende Geheimnis des Todes offen. Erst da Gott selbst sich als Herr über Leben *und Tod* in Erfahrung brachte, formuliert der Israelit Hoffnung über den Tod hinaus. Der Grund solcher Hoffnung liegt also nicht im Sehnen des Menschen beschlossen, seine Endlichkeit zu überschreiten, sondern in Gott selbst, der immer eindeutiger erfahren wurde als „Gott der Menschen", als der Gott, der den Menschen unbedingt die Treue hält. Es ist der Gott, der nicht nur zum Volk als Ganzem, sondern auch zu jedem einzelnen sagt: „Ich habe dich bei deinem Namen gerufen, mein bist du" (Jes 43,1). Wenn der Mensch aber zu Gott gehört, dann kann der Tod ihn nicht Gottes Hand entreißen. So ist der Glaube an den „Gott der Menschen" schon im Alten Testament Urgrund und Urmotiv einer Hoffnung über den Tod hinaus.

Dieser Sachverhalt wird im Neuen Testament von Jesus aufgegriffen und bestätigt, wie die wichtige Perikope Lk 20,37ff zeigt. Hier steht Jesus in Auseinandersetzung mit Sadduzäern, die ein Leben jenseits der Todesschwelle verneinen. Ihnen gegenüber vertritt er zusammen mit der pharisäischen Religionsgruppe den Glauben an eine Auferstehung der Toten. „Daß aber die Toten auferstehen, hat schon Mose in der Geschichte vom Dornbusch angedeutet, in der er den Herrn den ‚Gott Abrahams, Isaaks und Jakobs' nennt. Er ist doch kein Gott von Toten, sondern von Lebenden." Die Pointe dieser sehr dichten Argumentation

Jesu ist folgende: Gott hat in seiner unergründlichen Freiheit sich selbst in der Geschichte Israels als Gott lebender Menschen bestimmt. Das heißt: Der Mensch gehört in die Selbstdefinition Gottes („Gott Abrahams, Isaaks und Jakobs“) hinein. Gott will für immer „Gott der Menschen“ sein und heißen. Daraus folgt, daß der zu Gott gehörende Mensch, jenes Wesen also, mit dem Gott auf immer einen Dialog führen will (siehe S. 35) und das mithin geradezu ein „Bestandteil“ der Bestimmung und Definition Gottes ist, zum unvergänglichen Leben gerufen wurde. Gott würde *sich selbst* untreu werden, wenn der Tod den Menschen, mit dem er sich aus Gnaden für immer verbunden hat, von ihm wegreißen würde.

Doch was ist, wenn der Mensch sich diesem Gott verweigert, wenn er nein zu ihm sagt und ihm die Gemeinschaft kündigt? Überläßt Gott dann den Menschen sich selbst und seinen begrenzten, vergänglichen Möglichkeiten? Verfällt der Mensch dann dem Tod und der Vernichtung, wie es schon in Gen 2,17 angedeutet ist: „An dem Tag, an dem du davon ißt – das heißt, an dem du mir das Ja der Gefolgschaft und des Vertrauens verweigerst –, wirst du sterben“? Ist der Mensch, wenn er sich aus der Gemeinschaft mit Gott herausbegibt, dem Tod überantwortet?

Die Geschichte der Menschheit ist weithin eine Geschichte des Nein-Sagens gegen Gott und damit gegen die eigene Berufung zum unvergänglichen Leben mit ihm. Dies spitzt sich in der Geschichte Jesu, des Sohnes Gottes, zu. An seinem Geschick sehen wir, wie Israel in seiner Gesamtheit – das hier, wie immer, als Vertreter der ganzen Menschheit steht – zum letzten Wort Gottes nein sagt. Das Kreuz Jesu ist vor allem andern zunächst das äußerste Zeichen dieses menschlichen Nein gegen Gott und sein Angebot des Lebens. Heißt dies, daß Gott nun den Menschen läßt und der Mensch endgültig zum Tod gehört, weil ihm nur die Gemeinschaft mit Gott bleibendes, erfülltes Leben schenkt? Diese Frage stellt in äußerster Deutlichkeit das Kreuz. Der aufgerichtete Todesgalgen als Zeichen des Nein gegen Gott scheint zu künden, daß nun nicht nur der Sohn Gottes dem Tod ausgeliefert ist, sondern daß damit auch die Menschheit endgültig in Tod und Verderben steht. Aber das Kreuz ist nicht das Letzte.

Jesus ist – nach christlichem Verständnis – in das „Reich des Todes“ hinabgestiegen, in das Reich, wo nach alttestamentlicher Überzeugung „Gott nicht gelobt wird“ und „Gott des Menschen nicht mehr gedenkt“. So geht Gott selbst im Tod des Sohnes dem Sünder nach. Damit aber hört der Tod auf – wie Joseph Ratzinger treffend formuliert – „das gottverlassene Land der Finsternis, das Reich der erbarmungslosen Gottesferne zu sein. In Christus ist Gott selbst in den Bereich des Todes eingetreten und hat den Raum der Kommunikationslosigkeit zum Raum seiner Anwesenheit gemacht.“ So ist der Tod Jesu das äußerste „Sakrament“, d. h. das äußerste Zeichen der unbedingten Liebe Gottes zum Menschen. Der Tod Jesu zeigt, daß das Ja Gottes über das Nein des Menschen triumphiert. Das Ja Gottes, das heißt die Zusage des Lebens und der Lebensgemeinschaft, ist *dennoch,* trotz des im Kreuz sichtbaren menschlichen Nein, sein letztes und endgültiges Wort. So ist auch einsichtig, daß die Auferstehung Jesu nicht nur ein Ereignis ist, das ihn allein, seine Person allein betrifft. In Jesu „Tod-für-uns“ ist auch seine „Auferstehung-für-uns“, das heißt die endgültige, nicht mehr rücknehmbare Lebenszusage Gottes an alle Menschen, begründet. Da der Gekreuzigte als unser Bruder auf Gedeih und Verderb an uns festgehalten hat und festhält, nimmt er uns in der Kraft des Geistes in seinen ewigen „Dialog“ mit dem Vater hinein. So ist in ihm die Gemeinschaft von Gott und Mensch endgültig und für immer bestätigt. In ihm ist ein Ja gesprochen, das stärker ist als die Sünde und deren „Sold“: der Tod. Mithin ist der Tod verwandelt und zur Pforte des endgültigen Lebens geworden.

Das christliche Todesverständnis zeigt sich von hier aus als Alternative zu den im ersten Abschnitt skizzierten nichtchristlichen Einstellungen zum Tod in der heutigen Gesellschaft:

1. Der Christ kann und darf den Tod nicht verdrängen. Denn in der Mitte seines Glaubens steht das Todeszeichen des Kreuzes und daran ein „Toter“, der sich als „Auferstandener“ erwiesen hat. Getauft *auf den Tod* und die Auferstehung Christi (Röm 3 f), die in jeder Eucharistiefeier proklamiert und Gegenwart werden (vgl. 1 Kor 11,26), bedeutet christliches Leben wesentlich eine Auseinandersetzung mit dem Tod in all seinen Facetten. Christlicher Glaube ist darum ein einziger Protest gegen das Verstecken und Nicht-wahrhaben-Wollen des Todes.

2. Der Christ kann und darf den Tod nicht als „natürliches Ereignis“ ideologisch uminterpretieren. Damit wird man weder der Bitterkeit der tatsächlichen Todeserfahrung gerecht noch der Tatsache, daß analog wie Leben und Gottesgemeinschaft, so auch Tod und Sünde innerlich zusammenhängen. Die ganze „un-

natürliche" Dramatik des Todes wird erst dort im letzten begriffen, wo er als Herausforderung verstanden wird, sich und seine Selbstbehauptungsversuche aufzugeben und sich vertrauensvoll in die Beziehung zu Gott hineinfallen zu lassen.

3. Der Christ kann und darf nicht verzichten auf eine *persönliche* Hoffnung über den Tod hinaus. So wie Jesus Christus selbst in seiner ihm eigenen Individualität die Todesgrenze gesprengt hat, so nimmt er auch jeden einzelnen mit sich auf seinem Weg zum Vater, damit wir alle, jeder einzelne, dort sind, wo auch er ist (vgl. Joh 14,2).

4. Der Christ kann und braucht sich nicht zufrieden zu geben mit der vagen Ahnung und unsicheren Idee einer leiblosen geistig-seelischen Fortexistenz. Vom Christusgeschehen her zeigt sich, daß das, was im Menschen nach Sinn, Vollendung und Erfüllung drängt, auch wirklich Antwort findet. Und diese antwortende Zusage Gottes betrifft den *ganzen* Menschen, nicht nur das Geistige in ihm – den ganzen Menschen, der hineinverwoben ist in Welt und Gesellschaft, der sich verwirklicht in vielfältigen Beziehungen, in Arbeit und Freizeit. Allem ist Vollendung zugesagt. Deshalb hofft der Christ auch nicht auf eine unvergängliche Seele als auf ein unvergängliches Prinzip, über das er einfachhin *verfügt,* sondern er hofft auf die erweckende Macht Gottes, die in der Auferstehung Jesu der ganzen Schöpfung zugesagt ist. Im Blick auf die Auferstehung erweist sich die Grenze des Todes als buchstäblich „vorläufig", als Wegstation, als Grenze jener Lebensfrist, die uns gegeben wurde, damit wir in der uns zugestandenen Zeit durch ein Leben in Glaube,

Hoffnung und Liebe uns gleichsam „auszeugen“ zu dem, der wir dann in alle Ewigkeit sein werden.

An diesem christlichen Todesverständnis werden und müssen sich die Geister scheiden. Für manche wird das Ausgeführte selbstverständlicher Ausdruck ihres Glaubens sein. Sie werden an Ostern freudig ihr „Christ ist erstanden“ singen; andere dagegen mögen wie Faust am Ostersonntag müde lächelnd abwinken: „Die Botschaft hör ich wohl, allein mir fehlt der Glaube.“ Sie werden skeptisch fragen: Kann auf die Verkündigung der Auferstehung Jesu hin Hoffnung auf eine allgemeine Überwindung des Todes, auch meines Todes, verantwortet werden?

Solche Entscheidung zum Glauben oder Nichtglauben kann letztlich nicht mehr argumentierend und reflektierend vermittelt werden. Es geht hier nicht allein und nicht vornehmlich um die historische Frage, ob Jesus auferstanden ist oder nicht. Es geht um weit mehr! Auferstehung Jesu bedeutet für das christliche Glaubensverständnis die Zusage unbedingten Sinns. Nichts ist vergebens! Alles, auch der Tod, steht unter der Verheißung unendlichen Lebens in Gott. Alles, was jetzt geschieht: Mein Leben, meine Arbeit, mein Einsatz in der Welt – nichts ist vergebens, nichts wird vergessen, alles wird aufgehoben und bewahrt im Reiche Gottes. Alles hat Sinn!

Solche universalen Sinnentwürfe können vom Menschen nur geglaubt, nicht argumentierend erwiesen werden, da der Mensch über den Sinn des Ganzen nicht verfügt, sondern einen solchen nur in Glaube und Hoffnung antizipierend verwirklichen kann. Darum sind *alle* – das sei mit Nachdruck betont: *alle!* – Sinnentwürfe menschlichen Lebens und darin alle Verstehensweisen des Todes Gegenstand antizipatorischen Glaubens. Das gilt sowohl für die These vom natürlichen Tod, wie vom marxistischen Todesverständnis, wie von der Überzeugung einer unsterblichen Seele, wie eben auch für den christlichen Sinnentwurf. In einen Sinnentwurf kann man sich nicht hineinargumentieren, wohl aber kann man ihn in der Praxis des Lebens bewähren. Und deshalb sind an die verschiedenen Sinnentwürfe zum Thema Tod die Fragen zu stellen: Welcher Sinnentwurf macht Leben menschlicher, größer, reicher, welcher unmenschlicher, ärmer, sinnloser? Welcher Sinnentwurf erschließt, welcher verschließt Dimensionen der Wirklichkeit? Welcher gibt Grund, Hoffnung und Zuversicht, welcher endet in Chaos, Sinnlosigkeit und Verzweiflung? Und immer wieder: Welcher Entwurf macht das Leben menschlicher? In der Praxis des Lebens, also im Vollzug des Glaubens selbst, muß sich jeder, auch der christliche Entwurf bewähren. Auferstehung ist nicht einfach nur eine Theorie, eine Doktrin, ein Glaubenssatz, den man für wahr zu halten hat oder den man ablehnen kann. Nein, Auferstehung ist ein Leben und eine neue Lebenspraxis, die vollbracht werden muß, um zu erfahren, ob dieser Lebensentwurf trägt. Er wird sich daran zu bewähren haben, daß der Glaubende trotz der Wirklichkeit des Todes und alles Tödlichen in der Welt auf das Leben setzt und Zeichen der Hoffnung verwirklicht. Auf dieser Linie kommt Paulus zur Kurzdefinition des Christen: „Christen sind die, die Hoffnung haben“ (vgl. Röm 12,12 u.ö.). Und sie sind davon überzeugt, daß diese ihre Hoffnung der Wirklichkeit von Leben und Tod am gerechtesten wird.

2. Teil
REINKARNATION ODER AUFERSTEHUNG?

Die große Aktualität und das ungemein hohe Interesse, das die Reinkarnations- bzw. Seelenwanderungslehre gegenwärtig findet, ist der Grund, warum wir uns eigens, gleichsam in einem zweiten Anlauf, mit diesem Todesverständnis auseinandersetzen und in kritischer Auseinandersetzung mit ihm die christliche Position noch einmal vertiefen.

Die Überzeugung, daß der Mensch nach seinem Tod noch einmal ein neues Leben oder viele neue Leben in *dieser* Welt und Geschichte beginnen kann – eine Überzeugung, die ursprünglich und vorzüglich in der religiösen Vorstellungswelt des Fernen Ostens zu Hause ist –, hat für nicht wenige Zeitgenossen auch bei uns im Westen etwas Faszinierendes an sich. Umfrageergebnisse lassen vermuten, daß gegenwärtig auch in den sogenannten christlichen Ländern bis zu 20/25% der Bevölkerung eine Reinkarnation für möglich hält und mit diesem Gedanken wenigstens „spielt“, wenn sie ihn sich nicht schon zum Teil gleich zu eigen macht. Zwar gab es im abendländischen Kulturkreis zu allen Zeiten Personen und geistige Bewegungen, die von einer Wiedergeburt der Seele in einem neuen Leib überzeugt waren und sind. Doch waren es früher eigentlich immer eher „elitäre Kreise“, die sich des Themas annahmen; aktuell aber, das heißt eine Vorstellung, welche weite Bevölkerungsschichten existentiell erfaßt, ist die Reinkarnationslehre erst seit einigen Jahren. Warum?

Die Antwort auf diese Frage gibt uns einen ersten Zugang zur Sachproblematik.

1.
Gründe für die Aktualität der Seelenwanderungslehre und deren Umformung im Westen

Es lassen sich drei Komplexe von Gründen dafür finden, warum die Lehre von der Wiedergeburt der Seele gegenwärtig ein so verbreitetes Interesse findet:

1. Im letzten Jahrzehnt gab es in der westlichen Welt, gegenläufig zum eindimensionalen Fortschrittsdenken und oberflächlichen Funktionalismus der sechziger Jahre, eine – weite Kreise erfassende – Hinwendung zur Meditation, zu Stille und Selbstbesinnung. Im Zuge dieser „neuen Innerlichkeit" knüpfte man vielfach an fernöstliche Meditationspraktiken und -erfahrungen an und erhielt dabei auch Kontakt mit der asiatischen Idee der Seelenwanderung, der man infolgedessen auch im Westen mit neuem Interesse begegnete. Allerdings wird – wie wir noch sehen werden – diese fernöstliche Idee im Westen an entscheidender Stelle uminterpretiert.

2. Ungefähr gleichzeitig mit der Hinwendung zu Meditation und Innerlichkeit ist ein neues Interesse am Religiösen überhaupt zu beobachten, freilich ein Interesse, das sich – seltsam genug – nicht oder nur wenig auf die überkommenen, institutionalisierten Religionsgemeinschaften richtet, sondern entweder auf neue Formen des Religiösen überhaupt (neue Jugendreligio-

nen!) oder auf synkretistisch-humanistische religiöse Bewegungen (Anthroposophie u. a.) oder auf das weite Gebiet von Esoterik und Okkultismus. In jedem von diesen drei neureligiösen „Strängen", die ihren primären Grund wohl in dem nichteingelösten Versprechen der technisch-wissenschaftlichen Moderne haben, die Welt in den Griff zu bekommen und sie immer neuen Horizonten entgegenzuführen, wird nun aber eine Reinkarnationslehre vertreten, die – zumal im Okkultismus, aber nicht nur dort! – mit empirischen Argumenten untermauert wird: Im Faktum, daß es Menschen gibt, die sich an ein Leben in längst vergangener Zeit erinnern, sieht man einen Beweis für die Tatsache der Wiedergeburt (obwohl die wirklich gesicherten empirischen Phänomene, etwa bestimmte „Dejà-vue-Erlebnisse", auch anders deutbar sind, zum Beispiel auf der Linie telepathischer Erfahrungen oder durch Rekurs auf so etwas wie ein kollektives Gedächtnis). Jedenfalls fügt sich das Interesse an der Reinkarnationslehre auch nahtlos in die gegenwärtige Neugier nach Jenseits-Informationen ein. Die Auflagenhöhen entsprechender Bücher, die einen Blick über die Todesschwelle hinaus werfen, ist beachtlich hoch; esoterische und okkulte Literatur ist auf dem Buchmarkt gefragt wie kaum zuvor.

3. Das wohl wichtigste Motiv für ein neues Interesse an der Reinkarnation dürfte jedoch woanders liegen. Wir leben in einer Zeit, die nicht zuletzt dadurch gekennzeichnet ist, daß Menschen immer unfähiger werden, Bindungen jeder Art und jeden Lebensbereichs einzugehen. So hat z. B. in der Gegenwart die Bereitschaft und Fähigkeit für eine dauerhafte Ehe ra-

pid abgenommen. Aber auch hinsichtlich anderer Lebensentscheidungen ist Ähnliches zu beobachten: viele (junge) Menschen vermögen einfach nicht mehr, prägende Lebensformen zu übernehmen, endgültige Treue zu versprechen und sich in Freiheit auf eine unabsehbare Zukunft hin festzulegen. Statt Bindungen und Treueversprechen einzugehen, will man lieber probieren, experimentieren und vorläufige Wege versuchen, auf jeden Fall aber keine letzte und endgültige Verantwortung übernehmen. Das Wort Friedrich Nietzsches vom Menschen als dem „Tier, das versprechen kann“ wird in der Gegenwart ständig dementiert und damit seine tiefe Wahrheit übersehen: der Mensch ist in der Tat das Wesen, das als einziges kraft seiner Freiheit Endgültiges in der Zeit setzen und deshalb auch Bindungen der Treue einzugehen vermag. Gerade darin besteht die Größe und Würde des Menschen, daß er im Fluß der Zeit solcher Endgültigkeit fähig ist und an frei übernommenen Lebensformen, Bindungen und Verantwortungen über den Augenblick hinaus festhalten kann.

Es dürfte nun ein enger Zusammenhang bestehen zwischen der heute weitverbreiteten Bindungs- und Verantwortungsunfähigkeit und der Überzeugung *von* – oder auch nur dem Liebäugeln *mit* – einer Seelenwanderung. Denn wo Zeit und Geschichte nicht mehr begriffen werden als die „Dimension“, in der und aus der heraus „Endgültiges“ werden muß, wo Zeit und Geschichte nur ein Spielfeld sind für ständig neues unverbindliches Probieren und Experimentieren, da erscheint das ganze Leben als etwas derartig Vorläufiges, daß dann der Schluß naheliegt: Warum soll, wenn der

Versuch *eines* Lebens mißglückt ist, nicht ein zweiter, dritter, vierter ... Anlauf gelingen? Die Abfolge der Reinkarnationen wird zum risikolosen Prozeß, sich in verschiedenen Anläufen und Lebensexperimenten allmählich zur wahren Reife der Existenz „emporzuarbeiten“. Das exercitium menschlicher Freiheit wird – in letzter Konsequenz! – zu einem „Spiel“, das man nach völligem Mißlingen oder nur halbem Gelingen jederzeit neu beginnen kann, ähnlich wie man heute Ehe oder Partnerschaft neu beginnt, wenn die erste scheiterte.

Damit wird aber die Freiheit als die spezifische Auszeichnung des Menschen, die ihn dazu befähigt, sich in befristeter Zeit in wagendem, letztgültigem Einsatz zu verwirklichen, mehr oder minder entwertet und das Leben selbst immer oberflächlicher. Leben kommt in Gefahr, zu einem unverbindlichen, stets widerrufbaren Spiel zu werden (siehe S. 16f). Kein Wunder, daß das Leben vieler Menschen heute ohne Sinn für letzte Verantwortung geführt wird und ohne Tiefgang an der Oberfläche verhaftet ist. Auch – dieses „auch“ sei nachdrücklich betont! – *auch* unter diesem Aspekt ist die *Aktualität* der Seelenwanderungslehre zu sehen. Sie fügt sich äußerst plausibel in die verbreitete Unverbindlichkeit des Lebensstils ein, insofern sie die an sich unwiederbringliche Gegenwart öffnet für künftige „wiedergebrachte Gegenwarten“. Daß diese Diagnose für die fernöstliche Frömmigkeit sowie für manche westliche Humanismen, in denen die Seelenwanderung vertreten wird (z.B. Anthroposophie), *nicht* zutrifft, sei ausdrücklich hervorgehoben.

Doch wird an dieser „Vulgarisierung“ der Reinkarnationslehre die tiefgreifende Umformung deutlich, welche diese ursprünglich von fernöstlicher Religiösität geprägte Lehre im Westen genommen hat. Während im Hinduismus und Buddhismus die immer neuen „Wanderungen der Seele" bis zur endgültigen Reinigung und Reifung etwas „Fürchterliches" sind, Strafe und Fluch, die Grauen und Schrecken hervorrufen und um deren Beendung man betet und ringt (siehe den Text S. 58), ist es bei vielen westlichen Vertretern dieser Lehre genau umgekehrt: nicht wenige unserer Zeitgenossen begrüßen die Möglichkeit zur Reinkarnation als neue Chance für ein mißlungenes, verspieltes, nur probiertes Leben. Dieser tiefgreifende Unterschied zwischen fernöstlicher und westlicher Seelenwanderungsidee sollte zu denken geben. Er ist m. E. eine Bestätigung dafür, daß das Interesse an einer Reinkarnation im Westen bei vielen – nicht bei allen! – mit der Verflachung der Freiheit und der Unfähigkeit, seinem Leben eine endgültige Richtung zu geben, zusammenhängt. Angesichts dieser Unfähigkeit stellt die Reinkarnationslehre geradezu eine bequeme Legitimations- und Hoffnungsfigur dar.

Diese Umformung der ursprünglich fernöstlichen Reinkarnationslehre wird auch noch an einem weiteren bezeichnenden Punkt deutlich: Ist im Westen ausdrücklich oder stillschweigend vorausgesetzt, daß die „Seele", die durch verschiedene Lebensgestalten und -schicksale hindurchwandert, bzw. daß das „Selbst", das sich in wiederholten Anläufen in der Geschichte inkarniert, mein eigentliches personales Ich-Zentrum ist, das im Rad der Wiedergeburten zur vollen Selbstverwirklichung heranreift, liegt die Sachlage in der Vorstellungswelt des Fernen Ostens völlig anders. Die spezifische abendländische Individualitäts- und Per-

Welche Leiden im Kreislauf des Lebens.
Vor der Empfängnis im Mutterschoß
wurde ich schon 8 400 000mal geboren.
Und nun bin ich hier, mittellos, ein Bettler.

Die Summe meiner Leben
hält mich wie ein Netz gefangen.
Der Ertrag meiner Taten,
das karman fesselt mich.
Ich leide unter der Peitsche seiner Macht.

Nichts um meinen Bauch zu füllen, keine Ruhe.
Kein Platz im Dorf, der mir zugewiesen würde.
Ohne Kraft, ohne Hoffnung, so werde ich, mein Gott,
geschüttelt wie der Reis in der Pfanne.

Unzählige Zeitalter sahen mich in diesem Zustand;
ich weiß nicht, wie viele noch kommen.
Kein Bleiben:
die unaufhaltsame Bewegung fängt von vorne an.
Selbst am Ende des Kreislaufs,
kein Wechsel für mich.

Wer wird mein Unglück tragen?
Wer nimmt meine Last auf sich?
Dein Name
ist der Fährmann auf dem Fluß des Lebens,
Du kommst dem zu Hilfe, der ihn anruft.

Es ist Zeit, daß Du herbeieilst.
Ich bin, o Nārāyaṇa, ein Armer in Not.
Schau nicht auf meine Fehler;
Tuka bittet um Dein Erbarmen.

TUKARAM, 1598–1650

sonerfahrung (die auch eine Frucht des biblisch-christlichen Glaubens ist) ist hier nicht bekannt, und Ansätze dafür werden völlig anders interpretiert. Zwar sind die Konzepte dafür in den verschiedenen Formen des Buddhismus und Hinduismus im einzelnen unterschiedlich, doch werden – holzschnittartig verkürzt formuliert – Ich-Erfahrung und Suche nach dem Selbst als Beharren im Schein (māja) verstanden, der durchbrochen werden muß, um zu entdecken, daß das tiefste Selbst ein dimensionsloses „Allgemeines" ist, eine Ausfaltung des Göttlichen, ein göttlicher Impuls, jedenfalls kein festumrissenes individuelles „Ich". Darum dient die Folge der Reinkarnationen auch nicht der Reifung und Emporarbeitung der Person, sondern eher der Abarbeitung des ehernen kosmischen Gesetzes des Karma, wonach die in vorangehenden Reinkarnationen verbliebene Schuld gesühnt werden muß, auf daß der Schein des Ich in den ewigen pulsierenden göttlichen Urgrund zurückkehren kann.

Dieser östlichen Konzeption gegenüber bedeutet die westliche Fassung eine tiefgreifende Adaption, um spezifische Probleme des Abendlandes zu lösen, ja, um gegenwärtige „Stimmungen" zu unterstützen und zu legitimieren.

Mit dieser kurzen Erörterung der Gründe für die derzeitige Aktualität der Seelenwanderungslehre sind wir bereits auf einige Sachfragen gestoßen. Diese sollen im folgenden eingehender systematisch behandelt werden, und zwar in der Weise, daß unter drei Gesichtspunkten die Gründe entfaltet werden, warum es im Kontext des biblisch-christlichen Glaubens *nicht* zur Formulierung einer Seelenwanderungslehre gekommen ist, mehr noch: warum diese sich an Grundstrukturen des biblisch-christlichen Glaubens „reibt". Wenn also im folgenden eine kritische Auseinandersetzung mit der Reinkarnationslehre unternommen werden soll, so darf doch das Gemeinsame von christlicher Hoffnung und Seelenwanderungslehre nicht übersehen werden. Beide sind davon überzeugt, daß der Mensch nicht einfach im Tod vernichtet wird, sondern endgültige Vollendung und Erfüllung findet. Wie dies aber zu begründen, vorzustellen und zu deuten ist, daran scheiden sich die Geister.

2.
Dimensionen der Kontroverse

a) Zeit- und Geschichtsverständnis

Die Natur bewegt sich in einem ständigen Kreislauf von Werden, Vergehen und Neuwerden. So ist es nicht erstaunlich, daß in nahezu allen alten Kulturen und bis heute im fernöstlichen Raum auch der Verlauf von Zeit und Geschichte im Bild des *Kreises* vorgestellt wird. Das bedeutet: der geschichtliche Wandel wird, wie das Geschehen der Natur, als zyklische Wiederholung ein- und desselben verstanden und erfahren. Der Ton liegt auf „*erfahren*" und „*verstanden*". Denn natürlich kannten auch die archaischen Kulturen eine linear fortschreitende Zeit; sie wußten, daß auf ein Heute ein Morgen und auf ein Morgen das Übermorgen folgt, mit je neuen Ereignissen. Aber entscheidend ist, daß der archaische Mensch die Veränderungen, die die Geschichte bringt, und die nichtfixierbare Offenheit von Zeit und Zukunft nicht ertragen konnte. Das Unberechenbare der Geschichte, das Zufällige und stets Neue, das der Mensch nicht in die Hand bekam, machte Angst, jagte Furcht und Schrecken ein. Eben darum suchten die alten Kulturen, das konkret-geschichtliche Geschehen als Äußerung und „Realisation" eines übergeschichtlich-mythischen Geschehens zu verstehen, als Offenbarung „ur"-geschichtlich-ewiger Archetypen, nach denen alles, was geschieht, im periodischen Wechsel, in der zyklischen Wiederholung des gleichen verläuft. So gesehen, gab es dann für den archaischen Menschen im Grunde nichts absolut Neues. Alles, was geschieht, gründet seit Anfang der Zeit in einer sich wiederholenden, nach festen Gesetzen verlaufenden mythischen „Übergeschichte". Das Neue ist nur scheinbar neu, es ist in Wahrheit die Wiederkehr des Uralten, des immer so Geschehenen und von den Göttern seit Urzeiten so Gewollten und Garantierten. Kurz: wie die Natur nach den ewigen Gesetzen des Werdens, Vergehens und Neuwerdens verläuft, so auch die Geschichte.

In diesem Rahmen wird auch die einzelne menschliche Lebensgeschichte verstanden. Wie die Natur vergeht, vergeht der Mensch, und wie sie zu neuem Leben erwacht, so auch er, und dies in einem dauernden oder jedenfalls vielfach sich wiederholenden Kreislauf. Das Leben ist eine kreisende Macht, die der Tod zwar unterbricht, deren Umlauf er aber nicht zu Ende bringt.

Diese Auffassung wurde nicht nur in den religiösen Kulturen des alten Orients vertreten, sie findet sich im Abendland auch in philosophischer Gestalt, etwa in den Mythen der Orphiker, bei Pythagoras, Empedokles, auch bei Platon. Überall stößt man hier auf die Überzeugung, daß Leben sich im Kreislauf vollzieht. Von hier aus gesehen, steht die Überzeugung vom Rad der Wiedergeburten im Kontext eines viel umfassenderen Wirklichkeitsverständnisses, wonach für Zeit und Geschichte *überhaupt* das Modell des Kreises maßgebend ist. Erst in einer solchen umfassenden Wirklichkeitsschau hat die Seelenwanderungslehre Plausibilität und Stimmigkeit.

Israel, das alttestamentliche Bundesvolk, hat entgegen diesem Zeitverständnis ein ganz anderes Geschichtsbild entwickelt, und zwar veranlaßt durch die Art und Weise, wie Gott sich ihm geoffenbart hat. Der meistzitierte Glaubenssatz des Alten Testaments ist das Bekenntnis zu Jahwe als dem, „der aus Ägypten herausgeführt hat". Der Glaube an Gott ist also verbunden mit einem Bekenntnis zur Geschichte, und zwar zu einer kontingenten, einmaligen und unwiederholbaren Geschichtstat Gottes, in unserem Beispiel: dem Exodusgeschehen. Doch ist dies nur *ein* Beispiel für unzählige andere: Immer wieder zeigt die Heilige Schrift, daß von Gott vorwiegend gesprochen wird im Kontext von Geschichte als „Raum" göttlicher Selbstoffenbarung. Gewiß, auch die Natur ist als Schöpfung Gottes Ort seiner Epiphanie. Das verbindet Israel mit den übrigen Menschheitskulturen. Und darum ist im biblischen Geschichtsverständnis auch die Wahrheit der zyklischen Zeitkonzeption als *ein* Element mit aufbewahrt. Doch das Spezifische des biblischen Wirklichkeitsverständnisses hebt ab auf die *Einmaligkeit der Geschichte* als Medium der Selbstmitteilung Gottes.

Diese Struktur des biblischen Glaubens drückt sich auch im Jahwe-Namen aus. Seine ursprüngliche Herkunft und Bedeutung ist umstritten. Aber eines ist sicher: Israel hat diesen Namen entgegengenommen nicht als Aussage über das, was Gott „in sich" ist, sondern als Name, der aussagt, wie Gott sich *in der Geschichte erweisen* wird. Das bedeutet dann aber auch, daß die Geschichte und ihre Zukunft es erst „heraus"-bringen, wer Gott ist. Die Geschichte und ihre Zukunft ist der Ort seiner Epiphanie.

Von daher versteht man das völlig andere Verhältnis

Israels zur Geschichte als das seiner kulturellen Umwelt. Für das alttestamentliche Bundesvolk läßt sich Geschichte nicht im Vorstellungsbild des Kreises erfassen, sondern nur in dem des Pfeils oder des Strahls, der auf ein Ende, eine endgültige Zukunft – die der Auferstehung – hin offen ist. Denn in der Unableitbarkeit und Neuheit künftiger Ereignisse bis hin zu jener Vollendung, da Gott seine „Herrlichkeit" ganz enthüllt haben wird, begegnet Jahwe und erweist er sich als Heilsgott für sein Volk.

In dieser Geschichtskonzeption erhält die Zeit in ihrer Je-Einmaligkeit einen ungeheuren Wert; sie ist unendlich kostbar, da sie gerade in ihrer Kontingenz Ort der göttlichen Epiphanie ist.

Kostbar ist die Zeit aber nicht nur deshalb, weil *Gott* sich in ihr offenbarend dem Menschen mitteilt: sie ist auch kostbar im Blick auf den *Menschen*, da dieser in den geschichtlichen Prozeß der göttlichen Selbstmitteilung hineingenommen ist. Wenn Jahwe den Menschen beschenkt, so tut er es nicht, ohne daß seine Gabe gleichzeitig auch zur Auf-Gabe für den Angesprochenen wird. Auf mannigfaltige Weise zeigt die Heilige Schrift, daß zwar Gott es ist, der dem Menschen Heil verheißt und zukommen läßt – das Heil ist *seine* ureigenste Gabe –, daß aber die Heilsverheißungen ohne menschliches Mittun nicht „wirklich" werden. Sein Heil überwältigt nicht und trifft nicht automatisch ein, vielmehr wird der Adressat der Heilsverheißung für dessen Realisierung in Dienst und Verantwortung genommen. Somit ist der offene Strahl von Zeit und Geschichte nicht nur von höchster Bedeutung im Hinblick auf die Selbsterschließung Gottes, sondern auch als die Dimension, in der Mittun, Verantwortung und glaubende Bereitschaft des Menschen ihren Platz haben. Und dieser menschliche „Faktor“ ist gleichfalls qualifiziert durch das Je-Jetzt, durch das niemals wiederkehrende und darum so kostbare „Heute“. Immer wieder hämmert die Heilige Schrift in unendlichen Variationen das „Heute“ ein. „Heute wenn ihr seine Stimme hört, verhärtet euer Herz nicht“ (Ps 95,7 f). Hier und jetzt steht das Heil auf dem Spiel. Vor allem der ganze zweite Teil des Buches Deuteronomium (ab 26,16) ist ein einziges Einschärfen des „Heute“. Gottes Anruf ergeht im unwiederbringlichen Kairos des Heute.

Diese alttestamentliche Grundeinstellung wird im Neuen Testament aufgegriffen. Das Kommen des Reiches Gottes, das im Zentrum der Botschaft Jesu steht, hat einen Zeitindex. Das Heil ereignet sich im Heute (vgl. Lk 4, 21; 19,5). Der Kairos ist *da* – der Mensch hat *jetzt* zu antworten (vgl. Mk 1,15). Alle Evangelien sind von der Forderung absoluter Entscheidung her bestimmt; nirgendwo taucht die Idee auf, daß auf das jetzt geschenkte Heilsangebot ein weiteres folgt. Auf dieser Linie bemerkt auch Paulus „Kauft die Zeit aus“ (Eph 5,16; Kol 4,5), das heißt: Nehmt sie ernst, macht etwas daraus! Ausdrücklich wiederholt der Hebräerbrief das alttestamentliche „Heute“: „Ermahnet einander jeden Tag, solange es noch ein Heute gibt“ (3,13).

Hinter diesen und vielen anderen Aussagen steht die Überzeugung von der Einmaligkeit der Geschichte: Der Mensch hat von Gott Zeit erhalten, auf daß er darin dem Gott der Geschichte ent-sprechen, Antwort geben kann. Aber die Zeit ist begrenzt und darum so kostbar. Ihre vielen kontingenten Augenblicke („Kairoi“) sind unwiederbringlich.

Das zeigt besonders der Tod. Gerade er bringt die

Irreversibilität menschlichen Lebens unübersehbar zum Ausdruck. „Wir müssen alle sterben und sind wie Wasser, das auf die Erde gegossen ist und nicht wieder gesammelt werden kann" (2 Sam 14,14). In diesem sehr plastischen Bild wird das Unumkehrbare des Lebens thematisiert. Wie Wasser, einmal vergossen, nicht wieder gesammelt werden kann, so steht es auch mit dem menschlichen Leben. Der Tod ist deshalb für biblisches Verständnis nicht der Ort, wo – nach einer Formulierung von Feuerbach – „die Pferde gewechselt werden" und es dann gleichsam mit neuen Pferden weitergeht, nur auf einer anderen Etage. Nein, der Tod ist wirklich Ende, Grenze und Ziel. So wie Gottes Sohn ein für allemal gestorben und sein Leben ein für allemal hingegeben hat für die Sünden der Menschheit (vgl. Hebr 9,26 f), so ist es jedem „Menschen bestimmt, ein einziges Mal zu sterben; und dann kommt das Gericht" (Hebr 9,27). Auch das Sterben des Menschen ist mithin durch ein unwiederbringliches Heute qualifiziert, ein Heute, das – so die christliche Hoffnung – die Tür zum neuen ewigen Leben öffnet. Auf die Bitte des mitgekreuzigten Räubers: „Jesus, denk an mich, wenn du in dein Reich kommst", antwortet Jesus: „Amen, ich sage dir: Heute noch wirst du mit mir im Paradies sein" (Lk 23,42 f). Ein Hohn wäre es im Zusammenhang des Evangeliums, dieses verheißene „Heute" als Provisorium zu deuten und nur als Durchgangsstation zu einer neuen Reinkarnation. So steht in der Heiligen Schrift durchgehend auch der Tod unter dem Gedanken der Einmaligkeit.

Das hat Konsequenzen für die Einstellung zum Leben. Angesichts der durch den Tod befristeten Zeit heißt es im Ps 89,12: „Unsere Tage zu zählen lehre uns, damit wir ein weises Herz erlangen." Das „Zählen der Tage", das heißt das Ganz-ernst-Nehmen der Zeit unseres Lebens angesichts des nahen Todes bewirkt, daß unser Leben „weise" wird: Es gibt ihm den Charakter des Drängenden, reißt aus der Oberflächlichkeit heraus und stellt in Verantwortung (siehe S. 16f). Gerade das Sich-Konfrontieren mit der durch den Tod begrenzten Einmaligkeit des Lebens bewirkt, daß aus diesem kein Spiel wird, das man jederzeit neu beginnen kann und das man probierend, ausprobierend, spielerisch herumprobierend führen darf. Die befristete Zeit und die Grenze des Todes sagen, daß Leben schlechterdings Ernstfall ist.

Diese knappe Skizze des biblischen Zeit- und Geschichtsverständnisses will nicht die Seelenwanderungslehre „widerlegen", sondern lediglich zeigen, daß diese dem biblischen Glauben zutiefst fremd ist. In der Heiligen Schrift wird die Geschichte, anders als in den archaischen Kulturen, unter dem Bild des auf ein Ziel gerichteten Pfeils verstanden. In der einmaligen, unwiederbringlichen, zielgerichteten Geschichte offenbart sich Gott selbst und hat der Mensch heranzureifen zu dem, der er in Freiheit sein wird. In einem solchen Kontext ist einfach kein Platz für Wiederholung, Wiederkehr, Wiedergeburt. Die Einmaligkeit der Geschichte widerspricht dem „Re-", dem „Noch einmal", das im Wort *Re*-Inkarnation angezeigt ist. Der biblische Pfeil steht gegen den zyklisch sich wiederholenden Kreis.

Diese These bleibt auch in Kraft, wenn einzelne Vertreter der westlichen Variante der Reinkarnationslehre darauf hinweisen, „daß der Richtungspfeil in der Reinkarnationslehre keineswegs fehlt", insofern „jedes Wesen einmal das Ziel der höchsten Vollkommenheit erreichen wird" (Hans Torwesten). Denn auch in einer solchen Konzeption ist der Weg zum Erreichen des Zieles das immer neue Durchschreiten des *Kreises*, bis endlich die Vollendung erreicht ist. Das Hin und Her eines stets neuen Anlaufs steht gegen die biblische Konzeption des gerichteten Weges einer einmaligen befristeten Geschichte.

b) Leib-Seele-Einheit

Jede Art von Seelenwanderungslehre muß voraussetzen, daß das Eigentliche des Menschen in dessen Seele, Geist, Geistfunke oder dergleichen besteht, der Leib dagegen sowie dessen konkret-materielle Bedingungen das Akzidentelle, jederzeit Austauschbare, Niedere, ja – gelegentlich sogar – das schlechthin Negative ist, das überwunden werden muß. Dieses Menschenbild ist sehr alt. Schon Platon formulierte unter Aufnahme orphischer Traditionen: „Soma – sema", das heißt, „Der Leib ist das Grab (der Seele)". Die Erlösung besteht darum in der Befreiung vom Leib; sie ist folglich auch erst im Tod zu erwarten, da sich die Seele völlig vom Leib trennt.

Reinkarnationstheorien greifen ein solches oder ein ähnliches dualistisches Menschenbild auf: Eine ursprünglich leibfreie, präexistente Seele wird in den Leib „geworfen"; im Tod trennt sie sich vom bisherigen Leib und geht, wenn sie gar nicht oder nicht genügend gereift ist, in einem neuen Leib (oder in viele neue Leiber) ein. Als Beispiel für diese Auffassung seien drei Texte aus alter und neuer Zeit angeführt: „Wie die

Menschen sich des frischen Kleides nach dem alten freuen, also tauscht die Seele immer alte Leiber mit neuen“ (Gita 2, 22). – In der Taufliturgie der anthroposophischen „Christengemeinschaft“ heißt es: „Aus Geisteslichteswelten heraus geleiten wir in der Taufe die Kinderseele in das Erdensein ... Die aus dem göttlichen Geistwort geborene kleidet sich in des Todes Stoff ..., weisheitsvollstes Engelkunstwerk ist der Leibestempel, und doch zugleich Höhle und Grab der Seele.“ – Und bei Hans Torwesten, der vor einigen Jahren eine größere Schrift über die Reinkarnationslehre veröffentlicht hat, heißt es: „Der Geist umkleidet sich mit immer neuen Hüllen [!], geht durch immer neue Erfahrungen hindurch, sucht nach immer besseren Ausdrucksmöglichkeiten, bis er schließlich aus allen Hüllen herausgewachsen ist [!] und seine Unendlichkeit erkennt.“ Der Leib also als „Kleid“, als „Tempel und Grab“, als „Hülle“. Die Folge der Reinkarnationen als unablässiges Umkleiden mit und Herauswachsen aus den Hüllen des Leibes! Träger des eigentlichen Selbst ist also der Geist. Der Mensch *hat* einen Leib (oder sukzessiv viele Leiber), *ist* aber nicht Leib. Der Leib ist allenfalls Exerzierfeld des Geistes, das, worin – ja wogegen! – sich der Geist behaupten muß.

Wodurch ist dann aber die Identität des einen und selben Menschen in der Abfolge der Reinkarnationen gewährleistet? Sie kann nicht in der Identität des Leiblichen bestehen, da dieses ja „abgestreift“ wird. Kann also die Kontinuität des Geistes die Identität garantieren? Vorausgesetzt muß dafür auf jeden Fall werden, daß der Geist die „Ergebnisse“ früherer Lebensprozesse in eine neue konkrete Lebensgestalt „mitnimmt“, denn nur so kann das eine und selbe Ich, das ja in und an früheren Lebensgestalten geworden ist, sich in der Abfolge der vielen Inkarnationen reinigen und zur Reife bringen. Eben diese Voraussetzung macht die Seelenwanderungslehre. Aber kann dies *konsequent* durchgehalten werden? „Damit die Aufarbeitung und Buße eines vergangenen, verfehlten Lebens oder die weitere Höherführung eines gelungenen ins Werk gesetzt werden kann, müßte den jetzt lebenden Menschen ein ausreichendes Bewußtsein von alle dem begleiten, was er vor diesem Leben war und getan hat; er müßte um seine Identität wissen. Solange ihm das nicht möglich ist, handelt er in allem ins Dunkle und erst recht an seinem früheren Leben vorbei. Das Problem der Identität verschärft sich, wenn es im Zusammenhang mit dem vorausgesetzten Dualismus gedacht wird; wer ist Ich – wenn ich auch Napoleon oder Friedrich Hölderlin sein kann? Die Seele? Der Leib?" (Gottfried Bachl). Wenn der *Geist* – der immerhin das Prinzip verantwortlichen Handelns, der Selbstreflexion und des Erinnerungsvermögens ist – menschliche Identität garantieren soll (mitsamt oder ohne verklärte Leiblichkeit), so müßte er grundsätzlich (und nicht nur – wie einige Reinkarnationsvertreter glauben – in Ausnahmefällen) ein Bewußtsein von seiner früheren Existenz haben. Sonst geschieht keine wirkliche Aufarbeitung des vergangenen Lebens. Die Heranreifung bliebe etwas Zufälliges, etwas, was nicht von Einsicht und zielbestimmtem Willen getragen wäre; einem Glücksspiel vergleichbar, bliebe sie *unterpersonal.*

Genauso unterpersonal wie die angebliche Lösung des Theodizeeproblems, das die Reinkarnationslehre verheißt! Durch sie – sagt etwa Rudolf Steiner – „wird erst begreiflich, warum das Gute oft leiden muß und das Böse glücklich sein kann". Leid und Glück seien Folge selbstverdienten Verhaltens in früheren Leben. Doch einmal ganz davon abgesehen, daß wichtige unglücklich machende Faktoren wie Naturkatastrophen, Krankheitsepidemien und dergleichen ihren Grund nicht im persönlichen Verhalten haben können, sondern in Strukturen der Schöpfung verankert sind, wird nach dieser Konzeption, die jetzt lebende Person mit etwas belastet, das sie nicht zu vertreten hat. Die undifferenziert verallgemeinernde Rückführung von Leid auf persönliche Schuld, von der man nichts weiß und für die man darum auch keine personale Verantwortung übernehmen kann, ist unterpersonal und zudem noch „von empörender Anmaßung gegenüber den Leidenden". Denn ob nun Schuld und Verdienst in diesem Leben oder in vorangehenden Reinkarnationen begründet sind, in jedem Fall „wären die dicke Brieftasche und die glänzende Karriere, Gesundheit und Ansehen und die beneidenswerte Laufbahn der Kinder sichere Zeichen für die moralische Vollkommenheit des dadurch Beglückten; wem hingegen das Schicksal übel mitspielt, so daß er in der Welt als ein Verlierer und geschlagen dasteht, von allen verachtet als gescheiterte Existenz, der hätte es sich selber zuzuschreiben, nämlich seiner Schuld vor Gott" (A. Keller). Jesus weist dagegen nachdrücklich die Unterstellung zurück, Leid sei in jedem Fall Strafe für persönliche Schuld (vgl. Joh 9,2); er selbst erleidet ohne Hauch von eigener Schuld das Schicksal eines Verbrechers und gottverlassenen Ungerechten. Das Theodizeeproblem ist nicht dadurch zu lösen, daß man Leiden als Folge früherer Schuld zugewiesen bekommt. Auch das personale Bestehen des eigenen Leidens wird dadurch nicht gefördert. Nicht durch eine unbewußte und deshalb unterpersonale Rückführung des Negativen auf frühere Schuld wird das Leben gemeistert, sondern durch personale Annahme jenes Schicksals, jener Situation und jener Lebensrolle, die Gott mir als Lebensaufgabe (ohne Zuweisung von Schuld) zu-mutet.

Doch kehren wir zurück zur problematischen Ausgangsthese, wonach im Rad der Wiedergeburten der Geist die Identität und Kontinuität garantiert. Daß dies nur auf unterpersonale Weise geschehen kann, wurde gerade deutlich zu machen versucht. Aber auch die Einschätzung des Leibes als jeweils wechselnder Inkarnation des Geistes gibt ernste Fragen auf. Ist der Leib nur stets wandelbare Hülle des „Eigentlichen"? Ist er dann nicht wie ein Kostüm, das ein Schauspieler heute anlegt, um eine bestimmte Rolle zu spielen, um es dann morgen zur Aufführung einer anderen Rolle zu wechseln?

Ein solcher oder ähnlicher Geist-Leib-Dualismus ist dem biblisch-christlichen Menschenbild von Grund auf fremd. Auch wenn die Kirche im Laufe der Zeiten mit der Urversuchung des Menschen, sich dualistisch zu verstehen, kleinere oder größere Kompromisse geschlossen hat, so kennt doch weder die Heilige Schrift noch der Hauptstrom der kirchlichen Glaubensüberlieferung einen solchen Dualismus. Für christliches Glaubensverständnis ist wirklich nur der eine konkrete Mensch, der *ganz* Leib und *ganz* Seele ist. Gewiß kann und muß man den Menschen unter verschiedenen polar gespannten Rücksichten betrachten, aber deshalb zerfällt er nicht in zwei Bestandteile, die voneinander getrennt werden könnten. Eben dies will die klassische Lehre von der „Zusammensetzung" des Menschen aus materia und forma zum Ausdruck bringen. Bei „Materie“ und „Form“ geht es nicht um zwei Teile, die je für sich existieren und sich zu einem dritten zusammenfinden können, sondern darum, daß an einem ungeteilten Seienden zwei reale Aspekte zu unterscheiden sind. In Wirklichkeit existierend ist nur das Ganze. Das bedeutet für den Menschen: auch er ist nicht ein Zusammengesetztes aus zwei für sich existierenden Teilen. Vielmehr ist die Wirklichkeit seines Leibes „nichts anderes als seine wirkliche Seele, insofern diese nur dadurch wirklich sein kann, daß sie *sich selbst* ausdrückt und darstellt in einer vorgegebenen Raum-Zeitlichkeit ... Von der einen und ständig ganzen Wirklichkeit des Menschen her gesehen, ist deshalb der Leib nicht etwas anderes als die Seele, sondern diese selbst in ihrer ‚Außenerfahrung‘, in ihrer welthaften, raumzeitlichen Selbstgegebenheit.“ (Johann B. Metz). Leib ist also die Weise, wie der Geist als das Bestimmende und Gestaltende sich im Bestimmbaren und Gestaltbaren verwirklicht. Oder anders: Der Leib ist „Symbol“, Ausdrucksgestalt der Seele und zugleich deren „Tor“ zur Welt, zu den Dingen und zu den Mitmenschen. So gesehen, ist der Leib Medium der Kommunikation. Er ist das, was uns Menschen untereinander und mit der Welt als Ganzer verbindet und wodurch wir in Kommunikation miteinander treten. Kraft meines Leibes bin ich hier und nicht da, und du bist hier und nicht da; darum können wir miteinander sprechen, einander hören und sehen, und zwar mit unseren leiblichen Sinnesorganen. Leib heißt kurz gesagt: In-konkreter-Beziehung-Stehen mit anderem und anderen. Dies aber ist dem Menschen wesentlich, es gehört unabdingbar zu seiner Identität.

Um dies zu erkennen, bedarf es keiner komplizierten philosophischen Reflexion; es ist eine schlichte Erfahrungsgegebenheit. Man braucht nur zu fragen: Warum bin ich der, der ich bin; warum bin ich so, wie ich bin?, und man findet sofort Antworten wie: Weil ich diese Eltern habe, die mir diesen oder jenen Chromosomensatz mit diesem oder jenem Charakter, dieser oder jener Anfälligkeit für Krankheiten vermittelt haben, die mich an einem bestimmten Raum-Zeit-Punkt dieser Geschichte gezeugt und geboren haben (in diese Rasse, in diese Natur- und Kulturzone der Welt, in diese Gesellschaft hinein), die mir eine bestimmte Erziehung haben zukommen lassen. Ich bin so geworden durch meine Schulbildung, durch Begegnungen und Erfahrungen, durch Partnerschaft und Beruf. All dies gehört zu meiner Identität, die mir nicht allein, aber wesenhaft *auch* durch mein leibliches Situiertsein und durch leibhaftige Kommunikation vermittelt ist. Ablegen des Leibes und Beginn einer neuen Inkarnation in einem neuen Leib – was ja auch heißt: mit neuen biologisch-charakteriologisch-biographischen Konditionierungen, in einem neuen Raum, unter anderen gesellschaftlichen Bedingungen – zerstört die Identität des Menschen.

Dieser Schlußfolgerung läßt sich nicht ausweichen durch die anthroposophische Konzeption, die in folgendem Bild illustriert wird: So wie der Mensch das Ergebnis seiner Taten mit in den Schlaf nimmt und am Morgen als der gleiche erwacht, um dort weiterzumachen, wo er abends aufgehört hat, und dennoch der eine und gleiche Mensch bleibt mit ein- und derselben Biographie, die den Vortag, das Heute und das Morgen einbegreift, so nimmt der Mensch in die folgenden

Reinkarnationen auch die Früchte seiner vorangehenden „Tage" mit.

Dieses Bild zielt haarscharf am tatsächlichen Problem vorbei: Wer morgens erwacht, steht unter den gleichen Identitätsbedingungen (körperliche Prägung, Charakter, gesellschaftliches Situiertsein und dergleichen), unter denen er abends eingeschlafen ist, wieder auf. Genau dies aber ist bei einer neuen Inkarnation nicht der Fall. Die Identität wird in den Seelenwanderungslehren zu einem unterpersonalen Postulat, das durch kein Phänomen der leibhaftigen Erfahrungsgegebenheit abgedeckt und begründet ist. Dies dürfte nicht ohne Folgen sein für zwischenmenschliches Verhalten. Wen oder was liebe ich eigentlich, wenn ich einen Menschen liebe? Dieses einmalige, leibhaftige Du oder ein in diesem Du sich „episodenhaft" darstellendes Prinzip Mensch „hinter" aller Erfahrbarkeit? Kann letzteres noch Liebe begründen? Gehört zur Liebe nicht gerade die Konkretheit und Einmaligkeit des Du?

Die von der Heiligen Schrift bezeugte, aber auch von der Erfahrung bestätigte Einheit des Menschen wird mithin von den Reinkarnationslehren dualistisch auseinandergerissen: Der Geist streift im Tod den Leib als das ihm im Grunde Fremde oder Gleichgültige oder – durch die Folge vieler Inkarnationen – in seinem Gewicht Verkannte ab und erhält einen anderen Leib als neues „Übungsgelände" für geistige Lebensreifung. Daß im Rad der Reinkarnationen die *Identität* des ganzen Menschen (der aus Leib und Seele besteht) preisgegeben wird, dürfte damit hinlänglich ausgeführt sein.

Doch auch die *Vollendung* des Menschen wird partikularisiert: Das Leiblich-Konkrete ist nur Durchgangsstufe, „Exerzierfeld“ für den Geist und nimmt an dessen Vollendung nicht teil. Auch dagegen steht sperrig die biblisch-christliche Überzeugung von der Vollendung des einen und ganzen Menschen mit seinem Leib und seiner Welt (die gleichsam der „Großleib“ des Menschen ist). Dies ist im biblischen Hoffnungsbild von der Auferstehung des Fleisches bzw. des Leibes zum Ausdruck gebracht (siehe S. 47 f). Das will gerade sagen: Die Vollendung bezieht sich nicht nur auf das Geistige oder Seelische im Menschen, sondern auf seine Person *in der Gesamtheit ihrer Bestimmungen.*

Doch muß man noch einen Schritt weiter gehen, um zu verstehen, was Auferstehung des Fleisches/Leibes meint. „Fleisch“ bezeichnet in der Heiligen Schrift nicht einen „Teil“ des Menschen, auch nicht nur einen „Gesichtspunkt“, unter dem der eine und ganze Mensch betrachtet wird, sondern darüber hinaus die gesamte, untereinander verflochtene Schöpfung, die in ihrer Hinfälligkeit der Macht des Schöpfergottes gegenübersteht (vgl. z. B. Gen 6, 17 u. ö.; Jes 40, 5 f u. ö.). Von ihm wird der Schöpfung zugesagt: „Alles Fleisch wird schauen Gottes Heil“ (Jes 40, 5; Lk 3, 6). Das heißt: Die mit „Auferstehung des Fleisches“ gemeinte verheißene Vollendung bezieht sich nicht primär auf den je einzelnen, sondern auf die Menschheit als Ganze, ja auf die ganze Welt, in der dann auch der einzelne seine Vollendung findet.

Der gleiche Gehalt ist im Hoffnungsbild von der „Auferstehung des Leibes“ zum Ausdruck gebracht, insofern auch „Leib“ nicht einfach nur einen Teil des Menschen bezeichnet (dessen „Gegen“-Teil der Geist ist), sondern den Menschen, insofern er gerade auf Grund seiner Leiblichkeit mit allem anderen und anderem vernetzt ist (siehe S. 73). Der Glaube an die Auferstehung des Fleisches/Geistes widerspricht also einer Individualisierung des Vollendungsgeschehens und integriert das Ans-Ziel-Kommen des einzelnen in die verheißene Zukunft der einen und ganzen Menschheitsgeschichte. „Auferstehung" steht gegen die in den Reinkarnationslehren vorherrschende primäre Orientierung am Individuum und dessen Vollendung.

Vertreter der Seelenwanderungslehre halten diesem christlichen Einspruch ihrerseits entgegen, daß doch auch im Christentum ähnlich dualistische Anschauungen zu finden seien, zum Beispiel in der Vorstellung von einer Seele, die sich im Tod vom Leib trennt und dann „leibfrei" bei Gott gleichsam darauf wartet, am „Jüngsten Tag" bei der allgemeinen Auferstehung der Toten ihren Leib verklärt zurückzuerhalten. Nun schimmert in der Tat in diesen Vorstellungen ein kräftiger Dualismus durch. Dies ist auch einer der Gründe, warum heute sehr viele Theologen der Auffassung zuneigen, daß schon im Tod Auferstehung des einen und ganzen Menschen geschieht, daß also am Lebensende nicht eine leibfreie Seele zu Gott heimkehrt, sondern der Mensch in seiner leib-seelischen Einheit, freilich mit einer Leiblichkeit, die nicht den im Grab verbleibenden Leichnam meint, sondern „verklärte Leiblichkeit" bezeichnet, eine Leiblichkeit, die zudem noch auf ihre endgültige Vollendung „wartet". Diese ist erst dann gegeben, wenn alle Menschen, wenn die ganze, auf Grund von Leiblichkeit untereinander vernetzte Menschheit ihr Ziel erreicht hat und „Gott alles in allem ist" (1 Kor 15,28).

Doch auch wenn man diese neuere Auffassung nicht teilt, ist zur rechten Interpretation der traditionellen

Vorstellung einer im Tod zu Gott heimkehrenden „leibfreien Seele“ zu bemerken, daß diese – auch nach traditioneller Auffassung – wesenhaft auf den Leib verwiesen bleibt, ja, daß sie geradezu (mit-)konstituiert ist durch ihre Relation zum Leib. Darüber hinaus gilt, daß, solange sie nicht wiederum mit dem Leib wesenhaft vereint ist, sie in ihrer Leiblosigkeit – wie Thomas von Aquin bemerkt – ein „Krüppelwesen“, „Fragment“, „Teil des Menschen“, nicht der Mensch selbst, nicht Person ist. Somit sind der Dualismus, den jede Seelenwanderungslehre zur Voraussetzung hat, und der „Dualismus“ der christlichen Tradition essentiell verschieden.

Als Ergebnis dieses Abschnitts ist festzuhalten: Gerade weil der biblisch-christliche Glaube einem dualistischen Menschenverständnis aufs schärfste widerstreitet, ist ihm eine Reinkarnationslehre von Grund auf fremd. Das Hoffnungsziel Auferstehung wahrt sowohl die Einheit des Menschen wie auch die Ganzheit seiner Vollendung, und zwar jetzt schon und in alle Ewigkeit.

c) „Prinzip Gnade“

Hinter jeglicher Form einer Seelenwanderungslehre steht – ausgesprochen oder unausgesprochen – die Idee, daß der Mensch Selbstwerden und Selbstverwirklichung, Reife und Aufbau seiner Persönlichkeit, Würdigwerden für das letzte Ziel und Vollendung des eigenen Lebens selbst leisten muß. Und gerade weil *ein* Menschenleben dafür normalerweise nicht ausreicht, wird eine Folge von Wiedergeburten postuliert, welche das allmähliche Heraufarbeiten des Menschen bzw. das Herausarbeiten des wahren geistigen Kerns ermöglichen soll. Was in der ersten Inkarnation nicht gelang, das muß in der zweiten, was in der zweiten nicht gelang, das soll in der dritten gelingen, und so weiter. Immer bestimmt das Gesetz des Karma, das heißt die nach dem Gesetz von Ursache und Wirkung durch strikte Entsprechung und absolute Gerechtigkeit qualifizierte *Vergeltung* der geschehenen Taten das Leben in der neuen Wiedergeburt, bis es schließlich der Mensch einmal geschafft hat, der zu werden, der er sein soll.

Auch dieser Vorstellungs- und Gedankenkontext ist dem christlichen Glauben zutiefst fremd. Denn statt des Gesetzes von Ursache und Wirkung – ein Gesetz, das den Menschen unerbittlich unter die Forderung von Leistung stellt – herrscht im Christentum das „Prinzip Gnade“. Das heißt: Nicht der Mensch muß es leisten, Mensch zu werden und seine Möglichkeiten zu aktuieren, sondern dies ist Geschenk und Gabe Gottes. Die im Menschen angelegten Potentialitäten auf vollendete menschliche Reife und Lebenserfüllung hin werden nicht durch den Menschen selbst auf irgendeiner Stufe einer irdischen „Inkarnation“ verwirklicht, sondern allein *durch* Gott und *bei* Gott. „Erst bei Gott werde ich ganz Mensch sein“, formuliert Irenäus von Lyon. Gewiß, der Mensch ist mit seinen Fähigkeiten in den Prozeß seiner „Menschwerdung“ hineingenommen. Seine Aufgabe ist es, der Gabe Gottes in Freiheit zu ent-sprechen, seiner Liebe zu antworten und für sein Gnadenwirken offen zu sein. Im Bild gesagt: Die Lebenszeit ist uns gegeben, damit aus uns ein „Gefäß“ wird, das ER mit seinem unendlichen Leben füllen kann! Nehmen wir diese Aufgabe wahr, so wird im und am „endlichen“ Material der irdischen Zeit und Welt etwas „Unendliches“ gesetzt. Dafür aber reicht im Grenzfall ein vielleicht sehr kleines und unscheinbares „Ja“ zu Gott und seiner Liebe aus. Oder anders gesagt: *ein* irdisches Leben ist dafür genug. Denn nicht die Vielfalt der Reinkarnationen mit ihrer Quantifizierung der Zeit und ihren vielen neuen Chancen können den „Sprung“ aus dem endlichen Leben zur unendlichen Vollendung bewirken – auch eine Vielzahl endlicher Leben bleibt endlich –, sondern allein das wirkmächtige Angebot der Liebe Gottes an den Menschen, auf welches hin dieser sich durch ein freies Ja Gott zuwendet und die Erfüllung seines Lebens schenken läßt.

Gewiß wird man sich hüten müssen, in allzu simpler, schwarz-weiß gemalter Weise christlichen Glauben und Seelenwanderungslehren auf die Alternative: Gnade – Leistung; Fremderlösung – Selbsterlösung festzulegen. Auch Reinkarnationslehren betonen, daß sie die Gnade Gottes kennen und benötigen, insofern Gott es ermöglichen und dazu befähigen muß, daß der Mensch im Prozeß der Wiedergeburten heranreifen kann.

Doch wird hier nur ein bestimmter Aspekt der Gnade hervorgehoben: jene Gnade, die den Menschen in Bewegung setzt und zu seinem Ziel antreibt. Andere, dem Christentum zentrale Formen der Gnade, kommen hingegen nicht zum Zuge: das vergebende Erbarmen Gottes, sein ungeschuldetes Schenken, seine Liebe, die sich dem Menschen ohne Vorleistung gibt. „Meine Gnade genügt; sie erweist ihre Kraft in der Schwachheit“, so hört Paulus den Herrn sprechen (2 Kor 12, 9). Auch wenn die Gnade Gottes den Menschen „aktiv“ macht, indem sie in ihm und nicht ohne ihn Früchte des Geistes hervorbringt, so steht sie doch – zumal bei Paulus – in hartem Kontrast zum „Gesetz“, das den Menschen zur Leistung antreibt und unter die Norm der Leistung stellt. Das harte Muß des Karma-Gesetzes und die christliche Gnadenordnung sind deshalb nicht miteinander in Einklang zu bringen.

Das Gewicht der Gnade wird erst recht daran sichtbar, daß nach christlicher Überzeugung die Vollendung des Menschen, seine Auferstehung, Teilhabe an der Auferstehung Christi ist. Indem ein Mensch an Jesus Christus glaubt und sein Leben auf ihn setzt, *ist ihm bereits die Auferstehung geschenkt.* „Amen, Amen, ich sage euch, wer mein Wort hört und an den glaubt, der mich gesandt hat, hat ewiges Leben und kommt nicht ins Gericht, sondern ist vom Tod zum Leben hinübergegangen“, spricht Christus im Johannesevangelium (Joh 5,24). Und nach Paulus ist es nicht anders: Der Geist der Auferstehung ist uns bereits geschenkt (vgl. 2 Kor 1,22; 5,5 u.ö.). Wenn einer in Christus ist, ist in ihm bereits die neue Schöpfung angebrochen (vgl. 2 Kor 5,17), ja, wir sind bereits in der Taufe mit Christus auferweckt worden (Kol 2,11 f), mehr noch: in den Himmel aufgefahren (Eph 2,5 f). Der Tod eines Glaubenden bringt nur „heraus“ und zur Fülle, was jetzt schon verborgen in ihm ist: das neue Leben der Auferstehung. „Wir sind schon Kinder Gottes; es ist nur noch nicht heraus, was wir sein werden“ (1 Joh 3,2).

Für dieses „Prinzip Gnade“ ließe sich noch eine wahre Fülle von Schriftaussagen anführen. Zusammenfassend sei noch auf das geradezu skandalöse Gleichnis von den Arbeitern im Weinberg hingewiesen (Mt 20,1–16). Der Herr eines Weinbergs hält Stunde für Stunde Ausschau nach Arbeitern und schickt sie in seinen Weinberg. Am Tagesschluß, kurz vor Feierabend, findet er die letzten und schickt auch sie noch auf den Weg. Wenn man davon ausgeht, daß die Weinberge weit vor der Stadt lagen, sind diese letzten – so darf man mutmaßen – gerade angekommen, als die anderen bereits ihre Tagesarbeit abschlossen. Dennoch bekommen alle den gleichen Lohn: einen Denar. Warum? Weil – wie es heißt – Gott „gut“ ist. Auch die letzten haben auf das Angebot der Liebe Antwort gegeben. So sind sie dafür offen, den „Lohn“ zu empfangen. Aber – so mag man empört einwenden – haben dann die ersten Arbeiter nicht umsonst gearbeitet, für nichts sich angestrengt, vergebens des Tages Hitze und Last ausgehalten?

Eine Antwort auf diese Frage dürfte darin liegen, daß ein jeder auf verschiedene Art und Weise von Gott gerufen wird. Dabei wird von diesem oder jenem ein größerer Einsatz erwartet. Die zu „mehr“ Gerufenen haben – wiederum sehr verschieden – daran mitzuwirken, daß andere sich leichter für das Ja zur Liebe Gottes öffnen können: Ihr von Glaube, Hoffnung und Liebe geprägtes Leben, ihr tätiges Engagement für die Mitmenschen, eine durch sie mitgestaltete Gesellschaftsordnung, in der schon ein leiser Vor-schein des Reiches Gottes offenbar wird: all das kann dazu beitragen, ja vielfach überhaupt erst ermöglichen, daß andere den Anruf Gottes und das Angebot seiner Liebe hören, sehen, verstehen und dadurch zur Antwort befähigt werden. Aber auch für diejenigen, die den „ganzen Tag“ gearbeitet haben, die also ihr Leben lang sich abgemüht haben, ist der „Lohn“ immer noch Gnade und Geschenk. Menschliches Tun ist – wie die Schrift sagt – das Tun von unnützen Knechten, die angesichts der überwältigenden Gnade Gottes nur ihre Pflicht und Schuldigkeit erfüllen (Lk 17,10).

Dieses „Prinzip Gnade“ ist für den christlichen Glauben schlechthin entscheidend. Und darum ist ihm das Postulat, sich in einer Abfolge vieler Reinkarnationen zur Reife und Vollendung des Lebens emporzuarbeiten, von Grund auf fremd, ja widersprechend. Im übrigen führen wiederholte Anläufe zur Lebensreife und ein immer erneutes menschliches Sichabmühen als solches noch nicht aus der Endlichkeit und damit aus der Unerfülltheit des auf Unendlichkeit angelegten menschlichen Lebens heraus. Allein der Gnadenruf Gottes und die entsprechende menschliche Antwort – für beides reicht *ein* Leben aus – bringen die „schlummernden Potentialitäten“ des Menschen im Auferstehungsleben bei Gott zur Verwirklichung.

Der Kontrast zwischen Seelenwanderungslehre und christlichem Gnadenverständnis wird noch einmal an der genuinen – und nicht durch alle möglichen dubiösen „Privatoffenbarungen“ und düsteren Praxen der sogenannten Volksfrömmigkeit entstellten – „Fegfeuer“-Lehre der katholischen Kirche besonders deutlich. Auf der einen Seite herrschen zwischen „Fegfeuer“-Glauben und Reinkarnationslehre noch die engsten ideellen Verbindungen, insofern auch die katholische Überzeugung von einer Reinigung nach dem Tod davon ausgeht, daß es im Menschen viel Mißlungenes gibt, ja, daß es mißlungene Leben gibt, die der Läuterung bedürfen, auf daß sie an Gottes unendlichem Leben teilnehmen können. Aber um dieser Läuterung willen wird der Mensch nicht in ein zweites Leben gestoßen, um das nachzuholen, was im ersten mißlang, vielmehr steht auch seine Reinigung ganz unter dem

„Prinzip Gnade". Da, wo er – bildlich gesprochen – in seinem Erdenleben zuwenig Gefäß wurde für die Fülle göttlichen Lebens, da bereitet *Gott selbst sich* das Gefäß, da „brennt er aus" mit dem Feuer seiner Liebe. Er selbst schafft sich Eingang, wo vielleicht die Tür nur wenig offen steht. Bezeichnenderweise gehört zur kirchlichen Lehre über das sogenannte „Fegfeuer", daß die Reinigung nach dem Tod *nicht* bedeutet, daß der Mensch noch etwas *tun* muß (oder auch nur: tun kann). „Fegfeuer" heißt vielmehr, daß in der personalen Begegnung des Verstorbenen mit Gott das Feuer göttlicher Liebe zum Empfang des ewigen Lebens bereitet. Insofern ist der Glaubenssatz vom „Fegfeuer" *Evangelium,* Frohe Botschaft, die zum Ausdruck bringt: Gott kommt mit seiner Gnade und Liebe beim Menschen an, auch dort, wo dessen Offenheit für ihn nur eine armselige, kümmerliche, kaum gelungene Sache war. Gott ist es, der das Geschöpf läutert, nicht der Mensch sich selbst.

Aber – so mag man einwenden – hat nicht doch die Überzeugung von vielen Reinkarnationen gegenüber dem christlichen „Prinzip Gnade" *ein* Positivum, das von äußerst schwerwiegender Bedeutung ist? Die Seelenwanderungslehre kennt nicht die Möglichkeit endgültigen Scheiterns menschlichen Lebens und damit endgültiger Hoffnungslosigkeit. Sie vermag gegen die düstere Höllenbotschaft des christlichen Glaubens immer und unter allen Umständen Hoffnung zu vermitteln, da sie dem Menschen eine stets neue Chance zuerkennt.

Es ist nun im Rahmen unserer Problemstellung nicht möglich, ausführlich das Thema Hölle zu behandeln. Wichtig ist jedoch schon im ersten Ansatz zweierlei.

Erstens: Die Kirche hat viele Menschen „heilig", aber niemanden „verdammt" gesprochen. Das bedeutet *negativ,* daß von keinem Menschen angenommen werden muß, daß für ihn die Hölle Wirklichkeit geworden ist, und *positiv,* daß Hoffnung sein darf für das Gelingen des Lebens aller Menschen. *Zweitens:* Die Hölle ist keine Strafe, die Gott über den Menschen verhängt hat. (Dieses Mißverständnis findet sich nicht nur bei vielen Christen, sondern auch bei namhaften Vertretern der Seelenwanderungslehre.) Die Hölle ist vielmehr die schrecklichste *immanente Möglichkeit* unserer Freiheit, die sich total verfehlen und zugrunde richten kann, wenn sie sich Gott und seiner Liebe gegenüber verschließt. „Gott liebt ... das liebste seiner Geschöpfe mit derselben unendlichen Liebe wie den letzten Verdammten. Gott haßt und straft keinen Verdammten, er liebt ihn. Aber zu dieser Liebe gehört es, daß er ihn eben nicht entmündigt. Das ist sozusagen das Letzte, was er noch tun kann, daß er ihn in seiner Freiheit ernst nimmt, daß er nicht sagt: ‚Du Narr, du bist ja nicht zurechnungsfähig, du kannst tun, was du willst, ich behandle dich als Idioten.' Das tut er nicht. Er hat ihn frei geschaffen, und die Liebe verlangt es zunächst, daß er die Freiheit respektiert, und er respektiert sie (Albert Keller)." Würde Gott sich über diese Freiheit hinwegsetzen, so würde er sich selbst und dem Menschen untreu, da er sich zum „Gott des Bundes" bestimmt und den Menschen als Bundespartner gewollt hat. „Bund", also Freundschaft und Liebe, duldet keine Vergewaltigung der Freiheit. Auf der anderen Seite ist der christliche Glaube zutiefst davon überzeugt, daß Gott das Äußerste eingesetzt hat und einsetzt, um das freie Ja des Menschen zu gewinnen. Und deshalb entspringt aus diesem Glauben die Hoffnung auf die Rettung *aller* Menschen. Doch *möglich* ist und bleibt es, daß der Mensch sich in seiner Freiheit so „festfährt“, daß er kein Ja zu Gott mehr sagen will, daß ihm Liebe und Licht so unerträglich sind, daß er sich davon abwendet, auch wenn in der Zuwendung zu Gott sein ganzes Heil besteht. Ob ein Mensch de facto je so boshaft, so pervertiert sein wird, entzieht sich unserem Wissen. Aber die *Möglichkeit,* daß geschöpfliche Freiheit sich total festfährt, kann wohl nicht ausgeschlossen werden.

Angesichts dieser schrecklichen Möglichkeit aber bietet auch die Seelenwanderungslehre, wenn sie logisch konsequent ist, keine Lösung an. Denn was soll eine neue Reinkarnation für einen Menschen bedeuten, der sich im vorangehenden Leben in seiner Freiheit *total* „festgefahren“ hat? Hier nützt die Beteuerung nichts: „Ein neues Leben heißt ein neuer Anfang!“ Denn *wenn* zur Identität des Ichs auch die gefällten Freiheitsentscheidungen vorangehender Inkarnationen gehören, *dann* gehört dazu auch *die* Freiheitsentscheidung, mit der ein Mensch möglicherweise ganz und gar im endgültigen negativen Sinn über sich und gegenüber Gott verfügt hat. Würde man aber die total „festgefahrene“ Freiheit der vorangehenden Inkarnation nicht in die folgende Reinkarnation „mitnehmen“, so ginge die Identität im Kreislauf der Inkarnationen verloren.

So wird noch einmal deutlich, daß die Seelenwanderungslehre – wo sie konsequent verfährt – nicht etwa ein Mehr an Hoffnungen gewährt. Im Gegenteil! Die Vertreter der genuinen fernöstlichen Seelenwanderungslehre haben schon recht, wenn sie vom unerbittlichen Gesetz des Karma und vom „Grauen“ der

Wiedergeburten mit ihren je neuen Leistungszwängen sprechen. Der Gott des Christentums setzt den Menschen nicht einem „Grauen“ aus, sondern seiner unbedingten Liebe, die ihn in *einer* irdischen Existenz erreicht. Darum ist es für den christlichen Glauben ausgemacht: das Sterben führt uns unmittelbar zum Herrn (vgl. Phil 1,23; 2 Kor 5,1 ff). Für den Christen ist es undenkbar, daß Der, der gesprochen hat: „Alles, was der Vater mir gibt, wird zu mir kommen, und wer zu mir kommt, den werde ich nicht abweisen“ (Joh 6,37), den Menschen in eine neue irdische Existenz zurückstößt, „fern vom Herrn in der Fremde“ (2 Kor 5,6). Das Feuer seiner Liebe mag dem einen oder anderen zum Gericht werden; aber es ist ein Feuer, das brennt, nicht um zu peinigen, sondern um ein „Gefäß“ zu schaffen, das fähig ist, Gottes Leben und Gottes Liebe aufzunehmen. Das ist die Hoffnung der Christen, die nach ihrem Selbstverständnis und ihrer Erfahrung weiter, größer und herrlicher ist als alle Hoffnungen der Welt.

d) Exkurs: Reinkarnation im Frühen Christentum?

Gegen diese harte Gegenüberstellung von christlicher Hoffnung und Seelenwanderungslehre wird nicht selten geltend gemacht, es sei doch im Frühen Christentum selbst die Überzeugung von einer Seelenwanderung vertreten worden. Die dafür vorgebrachten Argumente sind jedoch völlig haltlos – „eine Wanderlegende“, wie Christoph von Schönborn einmal formuliert; sie werden auch durch häufige Wiederholungen nicht sinn- und wirkungsvoller. Dies sei im folgenden kurz entfaltet:

1. An einigen neutestamentlichen Schriftstellen wird Johannes der Täufer der „wiederkommende" Elia genannt (vgl. Mt 11,24; 17,12; Joh 1,21). Andere Stellen berichten davon, daß man diese Vermutung oder eine ähnliche (er sei „einer der alten Propheten") an Jesus selbst herantrug (Mt 16,14; Mk 8,28; Lk 9,19; Mk 6,15; Lk 9,8). Daraus schließt man: dem Neuen Testament ist eine Reinkarnationslehre nicht fremd, ja, sie wird an diesen Stellen vorausgesetzt.

Demgegenüber ist jedoch folgende Interpretation mit Nachdruck zu betonen: Elia ist nach biblischer Auffassung nicht gestorben, sondern ähnlich wie Henoch und andere Propheten, von deren Tod die Schrift nichts erwähnt (z. B. Jeremia) in den Himmel entrückt worden; eben deshalb können sie auch am Ende der Tage als Zeichen und Zeugen des Endes wieder auftreten. Von hier aus entwickelte sich in einigen Strängen der jüdischen Eschatologie die Erwartung eines solchen „Wiederauftretens" (*das* ist gemeint – weder Auferstehung im eigentlichen Sinn noch erst recht Seelenwanderung) einzelner „eschatologischer Personen". Gelegentlich schimmert hinter diesen Texten (vor allem hinter Mt 17,12) auch noch eine andere Deutung durch: Johannes ist der wiedergekommene Elia, insofern er im Geist des Elia, in seiner Kraft, in seiner prophetischen Tradition gekommen ist, so wie Elischa, der Schüler des Elia, im Geist, in der Kraft und in der prophetischen Tradition seines Meisters steht. In jedem Fall ist eine Deutung der genannten Texte auf einen reinkarnatorischen Hintergrund völlig auszuschließen. (Das gleiche gilt von Schriftstellen, die von der Taufe als einer Wiedergeburt sprechen [Joh 3,3ff; 1 Petr 1,23 u.ö.].)

2. Immer wieder wird auf die Anathemata der Synode von Konstantinopel (543) hingewiesen, in denen angeblich die Reinkarnationslehre verurteilt worden sei. Wenn aber ausdrücklich verurteilt, dann – so schließt man – muß sie vorher lebendig gewesen sein.

Auch dieses Argument ist ganz und gar gehaltlos. Auf der genannten, von Papst Vigilius bestätigten Synode wird nicht die Reinkarnationslehre verurteilt, sondern die Präexistenzlehre des Origenes. Nach dieser Lehre wurden alle Menschen als rein geistige Geschöpfe (Seelen) am Anfang der Welt geschaffen und dann zur Strafe für begangene Schuld in einen Leib eingesperrt. Diese Auffassung wird vom kirchlichen Lehramt abgelehnt. Was also verurteilt wird, ist eine dualistische „Inkarnations"- und keine „Reinkarnations"-Lehre. Sie wird abgelehnt aus schöpfungstheologischen Gründen: Gott hat die ganze Welt, auch ihre materiellen Dimensionen, auch den Leib des Menschen als gut, ja sehr gut geschaffen. Das Im-Leib-Sein des Menschen ist nicht Strafe, sondern gute Schöpfungswirklichkeit. Von einer Seelenwanderungslehre ist hier nicht im entferntesten die Rede.

3. Wo immer Reinkarnationsideen in der christlichen Tradition zu beobachten sind, haben sie ihren Ort in gnostischen Sekten von denen die Kirche, ihr Glaube und ihre Theologie sich einhellig und unzweideutig distanziert haben. Gelegentlich greifen kirchliche Theologen nach Art eines „argumentum ad

hominem" die von einer heidnischen Minderheit vertretene Reinkarnationslehre auf, um gegen heidnische Skepsis und Hoffnungslosigkeit christliche Hoffnung über den Tod hinaus als möglich erscheinen zu lassen. Dies geschieht jedoch stets so, daß man gleichzeitig die größere Differenz zwischen Auferstehungshoffnung und Seelenwanderungslehre herausstellt. Als Beispiel sei ein Text von Minucius Felix angeführt. Hier heißt es: „So haben wirklich hervorragende Philosophen, zuerst Pythagoras und dann besonders Platon, auch den Status der Wiedergeburt als entstellte und halbierte Wahrheit weitergegeben; sie lassen nämlich die Leiber aufgelöst werden und nur die Seelen ewig bestehen und öfter in andere neue Leiber eingehen ... Diese Ansicht ist wirklich nicht der Bemühung eines Philosophen, sondern dem Geschrei eines Schauspielers angemessen. Doch genügt es für unseren Zusammenhang zu zeigen, daß eure Philosophen in diesem Punkt irgendwie mit uns übereinstimmen" (Octavius 34). Um diese vage „Übereinstimmung", daß der Tod nicht das Letzte ist, geht es im Argumentationsgang.

So ist die These, im Frühen Christentum sei, wenigstens gelegentlich, eine Reinkarnationslehre vertreten worden, eine durch nichts begründete „Mär".

3.
Der Streit der Hoffnungen

Ist mit all diesen Überlegungen die Seelenwanderungslehre widerlegt? Gewiß nicht! Schon Platon formuliert über die Hoffnung, die sich auf ein Jenseits der Todesschwelle richtet, folgendes schöne Wort: „Man muß sich hier unter den menschlichen Ansichten die beste aneignen, diejenige, die am schwersten zu widerlegen ist. Mit dieser muß man dann, wie auf einem Floß, die Fahrt durchs Leben wagen, falls man nicht sicherer und gefahrloser auf einem festeren Fahrzeug, etwa mit einem göttlichen Wort fahren kann" (Phaidon 85). Christen fahren mit einem solchen „göttlichen Wort", mit der Verheißung der Auferstehung! Sie glauben aber auch, daß sich ihre Hoffnung – mit den Worten Platons – „als beste", „am schwersten widerlegbare" und für das „Wagnis des Lebens" am meisten förderliche erweisen läßt. Ja, sie glauben, daß ihre Hoffnung der wahren Menschlichkeit des Menschen am gerechtesten wird. Darum konnte es in unseren Darlegungen auch nur darum gehen aufzuzeigen, daß die Seelenwanderungslehre der Hoffnungsfigur des biblisch-christlichen Glaubens „Auferstehung des Leibes" zutiefst widerspricht, nämlich jener Hoffnung, die *erstens* von einer einmaligen zielgerichteten Geschichte des Heils überzeugt ist, die *zweitens* den Leib (und die materielle Welt als den „Großleib" des Menschen) weder aus der Vollendung des einzelnen mit der vollendeten Zukunft der ganzen communial verfaßten Menschheit verknüpft, die *drittens* auf die reine Gnade und Güte Gottes setzt.

Zwischen dieser christlichen Hoffnung auf Auferstehung und der Erwartung eines Aufwärtsschreitens und Heranreifens im Rad der Wiedergeburten muß es darum den Streit der Hoffnungen geben. Dieser wird gewiß auch mit Argumenten ausgetragen werden müssen. Aber letztlich wird der Streit nicht in der theoretischen Diskussion, in der ewig unentscheidbaren Dauerreflexion entschieden, sondern mindestens ebensosehr in der Tragfähigkeit und Überzeugungskraft von Hoffnungspraxis (siehe auch S. 49).

Deshalb ist es schließlich und endlich eine Frage an die Christen selbst, ob sie „Wahrzeichen" ihrer Hoffnung sind:

– ob sie wirklich die einmalige Zeit ihres irdischen Daseins ganz ernst nehmen und im „Heute Gottes" leben;
– ob sie durch geschwisterlich-kommuniales Zusammenleben und durch ihr Weltengagement zeigen, daß ihnen jede Form von Individualismus und Dualismus fremd ist;
– ob das „Prinzip Gnade" zu einem Leben in Freude, Gelöstheit und Zuversicht führt und zu einem glaubhaften Zeugnis des Evangeliums (der *Frohen* Botschaft) auf dem Forum der Welt.

Christliche Hoffnungspraxis ist darum das entscheidende Argument, um die faszinierende Kraft der Auferstehungshoffnung gegenüber Seelenwanderungslehren herauszustellen.

BIBLIOGRAPHISCHE HINWEISE

Wenngleich der Text dieses Büchleins aufs Ganze gesehen neu geschrieben wurde, finden sich in ihm doch zahlreiche Abschnitte und Passagen aus bereits veröffentlichten Schriften. Für ausführlichere Begründungen des Gedankengangs sowie für genaue Belege der Zitationen sei auf diese verwiesen. Es handelt sich dabei um folgende Publikationen: Tod und Auferstehung, in: CGG 5, 63–130; Stärker als der Tod, Mainz ^{9}1986, bes. 52–72, 90–93; Seelenwanderung oder Auferstehung?, in: Gottes Heil – Glück des Menschen, Freiburg–Basel–Wien 1983, 226–244.

Die Belegstellen der eingefügten Texte sind folgende:

S. 14: Max Frisch, Tagebuch 1946–1949, Frankfurt 1958, 349; ders., Der Arzt und der Tod – der Patient und der Tod, in: FAZ vom 5.1.1985.

S. 20f: Heinz Zahrnt, Wozu ist das Christentum gut?, München ^{2}1972, 231f.

S. 30: Ernst Bloch, Das Prinzip Hoffnung, Frankfurt/M. 1959, 1378f.

S. 36: Ferdinand Ulrich, Leben in der Einheit von Leben und Tod, Frankfurt/M. 1973, 39.

S. 58: Tukaram, Psalm, zit. nach H. Hänggi, Reinkarnation und Ahnenverehrung im Glauben der Hindus, in: Reinkarnation – Wiedergeburt. Ihre Bedeutung in den östlichen Religionen und neueren religiösen Gruppen – die Haltung der Kirchen, hrsg. von der Arbeitsgruppe „Neue religiöse Bewegungen in der Schweiz“, Zürich 1986, 27.

Theologische Standardwerke

August Franzen
Kleine Kirchengeschichte
Mit ausführlichem Personen- und Sachregister und vielen weiterführenden Literaturverweisen
Band 237, 416 Seiten, 13. Aufl.

Oskar Köhler
Kleine Glaubensgeschichte
Christsein im Wandel der Weltzeit
Band 987, 432 Seiten

Karl Rahner/Herbert Vorgrimler
Kleines Konzilskompendium
Sämtliche Texte des Zweiten Vatikanums mit Einführungen und ausführlichem Sachregister
Band 270, 776 Seiten, 20. Aufl.

Religionskritik von der Aufklärung bis zur Gegenwart
Autoren-Lexikon von Adorno bis Wittgenstein
Herausgegeben von Karl-Heinz Weger
Band 716, 320 Seiten, 3. Aufl.

Argumente für Gott
Gott-Denker von der Antike bis zur Gegenwart
Ein Autoren-Lexikon
Herausgegeben von Karl-Heinz Weger
unter Mitarbeit von Klemens Bossong
Band 1393, 432 Seiten

Herder Taschenbuch Verlag

Walter Mühlhausen

Weltwirtschaftskrise 1929–1932

und ihre Auswirkungen
auf die Republik von Weimar